INVENTAIRE
V/13972

Je, soussigné, lieutenant-colonel du Génie pensionné, etc, déclare être l'auteur de l'ouvrage intitulé Mémoire sur l'architecture des églises, etc.—

Bruxelles, le 5 août 1862

MÉMOIRE
SUR
L'ARCHITECTURE
DES ÉGLISES.

Nous, soussignés, imprimeurs-éditeurs, Chaussée de Jette, 90, à Jette-lez-Bruxelles, certifions avoir imprimé l'ouvrage intitulé Mémoire sur l'architecture des églises, d'après le manuscrit que nous a fourni Monsieur Demanet, lieutenant-colonel du génie.

Jette-lez-Bruxelles, le 5 août 1862

Vu pour légalisation de la signature de M. Delvigne qui se trouve apposée ci-contre.

Bruxelles, le 5 août 1862

Le Bourgmestre,

N° 13972

Les formalités exigées par la loi ayant été remplies, nous poursuivrons les contrefacteurs.

PUBLICATIONS SCIENTIFIQUES ET INDUSTRIELLES DE E. LACROIX.

MÉMOIRE

SUR

L'ARCHITECTURE

DES ÉGLISES,

PAR

A. Demanet,

Lieutenant-colonel du génie, Chevalier de l'Ordre de Léopold,
ancien professeur d'architecture et de construction à l'École militaire de Bruxelles,
professeur honoraire à la susdite école,
correspondant de l'Académie royale de Belgique, etc.

> Hæc (ædificia) autem ita erunt recté disposita si primo animadversum fuerit
> quibus regionibus aut quibus inclinationibus mundi constituantur.
> VITRUV., lib. VI, ch. 1.

TROISIÈME ÉDITION,
AUGMENTÉE D'UNE NOUVELLE INTRODUCTION.

PARIS.
LIBRAIRIE SCIENTIFIQUE, INDUSTRIELLE ET AGRICOLE
EUGÈNE LACROIX, ÉDITEUR,
LIBRAIRE DE LA SOCIÉTÉ DES INGÉNIEURS CIVILS,
Quai Malaquais, 15.

1862

Avant-Propos.

Ce mémoire n'était pas destiné à paraître aussitôt. Après y avoir travaillé pendant sept mois consécutifs, je l'avais envoyé au concours ouvert par la classe des beaux-arts de l'Académie royale de Belgique et j'attendais son jugement avec confiance.

Je l'avoue, je fus quelque peu surpris du prix qu'elle lui accorda [1] : considérant combien est vague et peu approfondi tout ce qu'on trouve sur la question que j'avais traitée, dans les ouvrages même les plus estimés, je me disais que la classe des beaux-arts se montrait bien difficile. Mais pourtant, sous l'impression de cette idée que tant de gens partagent encore aujourd'hui, que les académies sont des institutions sérieuses où tout se traite avec conscience, maturité et savoir, je me sentis pris pour mon œuvre d'une grande défiance et presque de dégoût.

N'en ayant tenu qu'une copie fort incomplète et à laquelle j'avais fait, au moment même de l'envoi de la pièce au concours, des retouches considérables dont je ne me souvenais plus, je m'en exagérai les défauts et je me dis qu'après tout il n'était pas étonnant que j'eusse laissé bien des choses à désirer dans une matière aussi vaste et aussi neuve.

Mais bientôt quelques actes que je vis poindre dans les bulletins des séances de l'Académie me firent suspecter la maturité du jugement porté, et comme contre-coup, je repris un peu de confiance.

---

[1] Une mention honorable. Le prix proposé était une médaille d'or, et l'Académie a encore, comme prix intermédiaire, la médaille d'argent.

Cependant, j'étais encore décidé à ne livrer, avec mon nom, mon œuvre à la publicité qu'après l'avoir revue et complétée autant que je le pourrais. Non que j'eusse découvert qu'elle laissât inattaqué ou non résolu quelque point de la question proposée, mais parce que j'avais encore diverses choses à y mettre. Ainsi j'aurais voulu y ajouter le résultat de quelques recherches que j'avais commencées[1]; j'aurais voulu montrer l'application de mes idées par des dessins.

Quand tout à coup des nouvelles totalement imprévues et vraiment extraordinaires vinrent changer ma résolution.

La lettre que j'ai publiée dans le journal l'*Observateur*[2] et que je reproduis ci-après, rappellera à ceux qui pourraient les avoir oubliés les faits dont je parle.

Forcé alors de me faire connaître, je ne crus pas pouvoir le faire purement et simplement. Je regardai comme un devoir de bon citoyen de dénoncer ce qui m'arrivait, et de mettre ainsi mes semblables en garde contre la confiance qu'on accorde trop facilement aux corps savants.

J'avais déjà vu un de mes amis[3] joué d'une manière analogue par un jury d'une autre espèce, il est vrai, mais où la présence de quelques académiciens avait peut-être infiltré ce remarquable laisser-aller qui caractérise les faits que j'ai signalés[4].

Quoi qu'il en soit, on avait reçu alors un avertissement sérieux dont je voyais

---

[1] J'étais décidé d'ailleurs à ne plus me présenter au concours, par suite des changements radicaux apportés arbitrairement à la question proposée, changements qui, à tort ou à raison, me paraissaient suspects.

[2] Numéro du 11 décembre 1847.

[3] M. Steichen, professeur de mécanique à l'École militaire, savant aussi distingué que modeste, auteur d'un écrit très-remarquable sur la vie et les travaux de Simon Stévin, *qui n'a pas été couronné.*

[4] Le jury chargé de juger les mémoires envoyés au concours ouvert à Bruges en 1846, pour le meilleur discours en prose ou mémoire sur la vie et les travaux de Simon Stévin. Il était composé de MM. Quetelet, Timmermans, Mocke et Paul Devaux, membres de l'Académie, et de M. Blondel, professeur de rhétorique. Le prix fut décerné à une pièce qui, malgré la mise en demeure formelle de M. Steichen, est restée jusqu'à présent inédite.

clairement qu'on n'avait pas profité, et j'ai cru l'occasion trop belle pour ne pas montrer, encore une fois, que cette manière de faire offre des dangers.

On regardera peut-être ma lettre à la classe des beaux-arts comme une boutade, mais j'espère qu'en tout cas on me la pardonnera en considération du motif qui m'a guidé. On observera d'ailleurs que, tandis que tous les corps politiques, depuis les chambres et les ministres, jusqu'aux plus petites administrations de village, tremblent devant le fouet de l'opinion publique, il ne serait pas juste que les corps savants pussent dormir à leur aise dans leurs fauteuils académiques tout en faisant ce qui leur plaît.

On me dira encore que j'eusse bien fait, avant de publier mon mémoire, de l'avoir revu, corrigé et augmenté des choses dont je parle ci-dessus; mais je dois faire observer qu'alors le public n'eût plus été à même de porter son jugement sur un point auquel je tiens beaucoup : celui de savoir si j'ai, oui ou non, bien ou mal, résolu la question proposée. D'ailleurs, ce mémoire ne doit être considéré que comme le précurseur d'un ouvrage plus considérable dont le plan est arrêté et que je publierai plus tard, s'il plaît à Dieu de me départir encore un peu de vie et de santé.

Je le livre donc tel qu'il est à l'appréciation du public. Je ne puis plus attendre que de lui un jugement consciencieux et des critiques dont je pourrai faire cas.

Je n'ai apporté aucun changement à mon manuscrit, seulement j'ai rectifié quelques erreurs sans importance : j'ai remplacé par-ci, par-là, une expression par une autre, et j'ai ajouté un très-petit nombre de notes au bas des pages.

Pour distinguer ces dernières de celles du manuscrit soumis au jugement de l'Académie, je les ai fait imprimer en *italique;* j'ai également noté, par des renvois en *italique,* les substitutions de mots et les rectifications dont j'ai parlé plus haut. On ne m'accusera pas ainsi d'avoir, après coup, amélioré mon œuvre.

Bruxelles, 16 décembre 1847.

A Messieurs les membres de la classe des beaux-arts de l'Académie royale des sciences, des lettres et des beaux-arts de Belgique.

Messieurs,

Je suis l'auteur du mémoire portant pour épigraphe : « *Hæc (ædificia) autem ita erunt rectè disposita si primo animadversum fuerit quibus regionibus aut quibus inclinationibus mundi constituantur.* — Vitruv., liv. VI, chap. I » auquel, dans votre séance du 21 septembre dernier, vous avez bien voulu accorder une première mention honorable [1].

Si j'ai gardé jusqu'ici l'anonyme, et si aujourd'hui je me décide à vous livrer mon nom, ce n'est pas l'effet d'un pur caprice, mais le résultat d'une conduite réfléchie et dont je vais avoir l'honneur de vous exposer les motifs.

La question d'architecture fut mise au concours dans votre séance du 7 août 1846, mais ce ne fut qu'en novembre que j'en eus connaissance.

J'étais alors dans un état de santé fort précaire : condamné à des ménagements excessifs, obligé plus tard de suspendre complétement l'usage de l'organe de la voix, c'était me hasarder beaucoup que d'entrer dans la lice; car je n'avais pas toujours cette liberté de pensée et d'action dont jouit l'homme bien portant et qui est nécessaire aux recherches scientifiques.

Cependant la question, telle que vous l'aviez posée, m'offrit assez d'attraits pour passer au-dessus de cette considération. Je croyais avoir à produire des faits et des rapprochements nouveaux, à faire valoir des observations neuves, peu connues ou encore inappliquées au cas proposé.

Je tentai la fortune, pensant que je serais assez heureux, sinon pour remporter le prix, du moins pour en faire ajourner la remise à un autre concours. Je comptais alors, sous l'empire de conditions moins défavorables et éclairé par vos critiques, revoir mon ouvrage et en faire disparaître les imperfections que devait nécessairement renfermer un premier essai sur une matière vaste, neuve ou bien peu explorée jusqu'ici.

---

[1] Mon mémoire avait le n° 5 sur la liste de présentation; celui portant pour épigraphe : « *La religion complète les arts,* » dont M. Van Overstraten vient de se déclarer l'auteur, portait le n° 1. Je suppose que ce n'est pas uniquement par hasard que l'ordre a été renversé dans l'énoncé des mentions honorables. Au surplus, je n'attache aucune importance à cette particularité après les faits qui se sont passés depuis.

La première partie de mes prévisions s'est réalisée ; quant à la seconde (la moins chanceuse des deux pourtant), mon attente a été déçue.

Vous avez bien, il est vrai, remis au concours, en 1847, une question qui offre un air de ressemblance avec celle de 1846, mais qui en est, suivant moi, essentiellement différente. Ainsi, tandis que je regardais la question de 1846 comme rentrant dans le cercle de mes connaissances spéciales, je considère celle de 1847 comme tout à fait en dehors. Je dirai plus : c'est que je crois impossible la solution rigoureuse de cette dernière, tandis que plusieurs voies conduisaient sûrement à celle de l'autre.

Je justifie ces assertions, messieurs, en plaçant en regard l'une de l'autre vos deux questions de 1846 et de 1847.

QUESTION DE 1846.

Depuis l'introduction du christianisme, plusieurs types d'architecture ont été successivement employés dans les temples de cette religion. Différents par le style et par les moyens d'exécution, tous avaient cependant pour but de couvrir et de clore des espaces considérables, mis en rapport avec les exigences du culte et le nombre des fidèles qu'ils devaient contenir.

La classe demande quel est, parmi ces différents types, celui qu'il conviendrait d'appliquer aux monuments religieux de la Belgique, eu égard au climat, aux ressources du pays et aux progrès de l'industrie, de manière à obtenir le plus de résultat avec le moins de dépense possible?

Les concurrents s'attacheront à indiquer et à examiner les causes qui ont fait accepter ou abandonner les différents types admis autrefois.

Ils rechercheront en outre si, par les progrès des sciences et de la métallurgie, on ne pourrait pas, en introduisant de nouvelles combinaisons, donner aux églises un cachet d'originalité qui manque généralement aux constructions de nos jours. Ils indiqueront en quoi et de quelle manière on pourrait en faire l'application.

QUESTION DE 1847.

Quel est, parmi les différents types de l'architecture jusqu'à présent employés dans la construction des temples chrétiens, celui qu'il conviendrait d'appliquer aux monuments religieux de la Belgique, eu égard au climat, aux ressources du pays et aux progrès de l'industrie?

Les concurrents rechercheront également si, par les progrès des sciences et notamment de la métallurgie, on ne pourrait pas, en introduisant de nouvelles combinaisons, donner aux églises un cachet d'originalité.

Sans tenir compte de la suppression du préambule, qui avait pourtant sa signification, ni d'un paragraphe dans le corps de la question, qui en était une, et même une assez délicate à lui tout seul, vous remarquerez, messieurs, que les passages non reproduits, et que j'ai soulignés dans ce qui reste, enlèvent à votre demande ce caractère bien accusé de *positivisme* qu'elle présentait en premier lieu, et la rendent aujourd'hui aussi élastique qu'elle l'était peu d'abord.

J'ignore, messieurs, quels motifs peuvent vous avoir engagés à opérer ce changement; mais c'est un fait que je constate et qui, à lui seul, motiverait la résolution dont je vous fais part en terminant ma lettre.

Dans le premier moment j'ai cru, tant la chose me paraissait insolite, contraire aux antécédents de votre illustre compagnie et de toutes les sociétés savantes, que je ne devais voir là que le résultat d'une erreur typographique.

J'étais même tellement persuadé dans le principe qu'on avait fait erreur, que je pris le parti d'attendre, avant de rien faire, le rapport de vos commissaires, qui contiendrait sans doute des éclaircissements sur ce point.

Mais ici mon attente fut encore une fois trompée, et d'une manière étrange, avec des détails d'une nature au moins bizarre.

Le compte-rendu de votre séance du 21 septembre, inséré au *Moniteur* du 23 suivant, dit textuellement :

« Sur la question :

« Depuis l'introduction du christianisme, etc., etc., etc.

« Trois mémoires sont parvenus à l'Académie portant les inscriptions :

« N° 1. *La religion complète les arts;*

« N° 2. *L'esprit, le génie des peuples se gravent sur leurs monuments;*

« N° 3. *Hæc (ædificia) autem ita erunt recte disposita si primo animadversum fuerit*
« *quibus regionibus aut quibus inclinationibus mundi constituantur.*

« M. Bock, premier commissaire, a fait un rapport développé sur le mérite de ces
« ouvrages, rapport qui sera imprimé dans le bulletin de la séance.

« La classe, adoptant les conclusions de M. Bock, auxquelles ont souscrit les deux
« autres commissaires, MM. Bourla et Suys, a décerné une mention honorable aux deux
« auteurs des mémoires portant pour épigraphes :

« *Hæc (ædificia) autem*, etc.

« *La religion complète les arts.* »

Le bulletin qui contient le procès-verbal de cette séance [1] est le n° 9 du tome XIV. J'y cherchai vainement le rapport annoncé, mais j'y découvris, par contre, plusieurs choses curieuses.

1° La rédaction de votre premier procès-verbal du *Moniteur* s'y trouve tout à fait changée. Voici ce qui remplace le passage que je viens de citer :

« Sur la troisième question :

« Depuis l'introduction du christianisme, etc., etc.

« Trois mémoires sont parvenus à l'Académie portant les inscriptions :

« N° 1. *La religion complète les arts;*

« N° 2. *L'esprit, le génie des peuples se gravent sur leurs monuments;*

« N° 3. *Hæc (ædificia)*, etc., comme ci-dessus.

---

[1] Et qui ne parut que longtemps après (au commencement de novembre).

« Après avoir entendu ses commissaires, la classe a décerné une mention honorable aux « auteurs des mémoires portant pour épigraphes :
« *Hæc (ædificia)*, etc.
« *La religion complète les arts.* »

J'ignore, messieurs, encore une fois, les motifs de ce changement de rédaction qui rend votre déclaration beaucoup moins explicite. Mais ce qui s'est passé dans la suite pourrait en donner une explication peu flatteuse pour la manière dont vous procédez et décidez en pareille matière.

2° Une note placée au bas de la page 158 m'apprit que « le rapport de M. Bock, à cause d'une indisposition de l'auteur, ne pourrait être inséré que dans un prochain numéro. »

Je pris mon parti de ce contre-temps, espérant que l'état de la santé de votre savant collègue, que je voyais assister et prendre une part très-active à *toutes* vos séances, ne l'empêcherait pas plus longtemps de produire son rapport, dont vous aviez décidé l'impression, et que, sans doute, votre prochain bulletin le renfermerait enfin.

Nouvelle erreur dans mes hypothèses. Le bulletin n° 10 parut, et il n'y était fait aucune mention du rapport de M. Bock.

Je pris alors le parti d'écrire, sous le voile de l'anonyme, à M. le secrétaire perpétuel une lettre (dont il vous a fait connaître le contenu dans votre dernière séance du 2 décembre) par laquelle je réclamais la production du rapport.

A cette communication est faite une réponse qui me comble d'étonnement. La voici telle que je l'extrais mot à mot du procès-verbal de votre séance, inséré au *Moniteur* du 5 de ce mois :

« *Un anonyme* demande que la classe veuille bien publier le rapport qui a été fait sur le « concours d'architecture. MM. les commissaires promettent de présenter leur travail dans « une prochaine séance. »

Messieurs, il y a ici quelque chose de vraiment inexplicable. Vous avez annoncé, dans le compte-rendu de votre séance du 21 septembre, que M. Bock, premier commissaire, a *fait un rapport développé sur le mérite des ouvrages présentés; vous vous êtes prononcés sur ce rapport et vous en avez décidé l'impression*; et aujourd'hui vous répondez à ma lettre que *MM. les commissaires promettent de présenter leur travail dans* UNE *prochaine séance*.

Vraiment, messieurs, j'éprouve un grand embarras à vous faire part des réflexions que me suggèrent ces divers rapprochements : elles sont trop attentatoires à l'estime dont vous jouissez et à laquelle, tout le premier, j'aimais à rendre hommage, pour oser me le permettre. Ne serait-on pas fondé de croire, en effet, que vous avez avancé un fait matériellement faux; tout au moins que vous avez basé votre jugement sur de simples observations verbales, sur une pièce incomplète, et qui peut-être n'était pas suffisamment mûrie pour mériter la confiance que vous lui avez accordée?

Je vous signale ces réflexions, messieurs, parce qu'elles viendront à d'autres qu'à moi, et que la considération dont vous jouissez, non-seulement comme savants et artistes, mais

---

[1] Il eut été plus juste et surtout plus convenable de dire : l'auteur anonyme du mémoire portant pour épigraphe : hæc (Ædificia) etc. Car c'est ainsi que j'avais signé ma lettre et dès lors je n'étais plus un *anonyme quelconque* ainsi que votre rédaction le ferait supposer.

aussi comme gens graves, consciencieux et justes, pourrait sérieusement en souffrir.

Cependant, je suis vraiment fâché de devoir encore vous le dire, ce n'est pas là la seule anomalie qui frappera, dans vos actes relatifs à cette affaire, ceux qui en auront suivi les détails avec quelque attention.

Il en est encore d'autres bien autrement étonnantes qui ne leur auront pas échappé.

J'en ferai ici la récapitulation pour votre gouverne.

Dans votre séance du 21 septembre, comme dans votre séance publique du 24 suivant, vous n'avez accordé que deux mentions honorables sur la question d'architecture : l'une décernée à mon mémoire portant pour épigraphe :

Hœc (œdificia), etc.;

L'autre accordée à l'auteur du mémoire portant pour épigraphe :

La religion complète les arts.

L'auteur du troisième mémoire avait été moins heureux que nous; vous ne le mentionniez pas.

Or, voici ce qui s'est passé depuis lors :

Dans le compte-rendu de votre séance du 5 novembre (bulletin n° 11, tome XIV, p. 566) on lit :

« M. Morey, architecte du gouvernement français, écrit également de Paris qu'il est l'auteur *du* mémoire sur la question d'architecture *auquel* il a été accordé *une mention honorable.*

Remarquez d'abord, qu'ainsi exposée, cette annonce donne à croire *qu'un seul mémoire*[1] a obtenu une mention honorable, après avoir antérieurement proclamé que deux mémoires ont joui de cette distinction.

Ceci peut n'être que le résultat d'une inadvertance, mais voici qui est plus grave :

Dans le compte-rendu de votre séance du 2 décembre 1847, qui vient de paraître dans le *Moniteur* du 5, j'ai lu cette annonce plus surprenante encore que tout le reste : «M. Van Overstraten, de Gand, se fait connaître comme l'auteur du mémoire : *La religion complète les arts*, mémoire auquel a été décernée *une mention honorable* lors du concours d'architecture.

Messieurs, veuillez un instant le remarquer : M. Morey, M. Van Overstraten et moi, cela fait *trois* et vous n'avez pourtant accordé que *deux* mentions honorables.

Que conclure de ce dernier fait?

De deux choses l'une :

Ou qu'il y a parmi nous un *imposteur* qui s'est attribué le travail d'autrui;

Ou que, après avoir décidé de n'accorder que deux mentions honorables, après avoir proclamé votre jugement devant le public et devant le Roi[2], vous avez, après coup, étendu cette faveur à l'auteur du mémoire portant pour épigraphe : *L'esprit, le génie des peuples se gravent sur leurs monuments*, etc., etc., auquel vous l'aviez refusée d'abord.

La première hypothèse est peu probable, car l'ouverture des billets cachetés, joints

---

[1] Et, d'après ce que nous savons aujourd'hui, le seul qui n'ait pas été mentionné honorablement.
[2] Dans la séance publique du 24 septembre.
[3] Ce doute n'aurait pu même venir si, ce qui eût encore une fois été dans les convenances, on avait relaté dans le compte-rendu, l'épigraphe du mémoire dont M. Morey se reconnaissait l'auteur.

aux mémoires dont les auteurs se sont fait connaître, devait vous faire constater la fraude, et il était de votre devoir de la dénoncer sur-le-champ.

La seconde seule est vraisemblable.

Je ne vous blâme pas, messieurs, de cette faveur posthume; bien au contraire, j'estime que vous n'avez fait que rendre tardivement justice à un homme de talent. Mais ne craignez-vous pas qu'on n'en induise avec plus de force que jamais, qu'on y trouve même la preuve manifeste que dans toute cette affaire vos commissaires, puis vous, messieurs, vous avez mis une légèreté peu compatible avec votre position?

En résumé, vous concevrez que de tels faits sont de nature à enlever toute valeur aux distinctions que vous avez accordées, et à écarter de vos concours les hommes sérieux qui, sans avoir ni votre haute valeur artistique, ni votre profond savoir, ont cependant assez vu, pratiqué et médité pour avoir le droit d'être traités avec plus de mesure, de réflexion et de logique. Pour ma part, je jure..... « quoique un peu tard, qu'on ne m'y prendra plus, » et je vous prie d'agréer, messieurs, l'assurance de ma considération la plus distinguée.

A. DEMANET,
Lieutenant-colonel du génie, ancien professeur d'architecture et de construction à l'école militaire de Bruxelles, professeur honoraire à la susdite école.

Bruxelles, 6 décembre 1847.

INTRODUCTION.

Lorsque, en 1847, j'ai publié cet ouvrage, mon intention était de le remanier plus tard complétement, et ce n'a été en quelque sorte que contraint par les circonstances singulières qui avaient marqué le concours qui m'en avait donné l'idée, que je m'étais décidé à le soumettre au jugement du public.

Mais depuis lors, entraîné par d'autres travaux, il m'a été impossible de réaliser mon projet, et j'ai vu s'épuiser successivement deux éditions de mon livre.

Ce fait, auquel, je l'avoue, je ne m'attendais guère, m'a quelque peu raccommodé avec lui, car le public, qui est bon juge, ne lui aurait certainement pas fait si bon accueil s'il n'y avait trouvé quelque mérite.

Aujourd'hui que j'en fais paraître une troisième édition, cette faveur même me rend très-circonspect et m'inspire la crainte de faire plus mal tout en voulant faire mieux. J'avais cependant pensé à y faire au moins quelques suppressions et quelques retouches, mais, après l'avoir attentivement relu, j'ai craint de lui enlever par là le cachet particulier que quinze années de moins dans ma vie lui ont imprimé, et j'ai pensé, tout bien considéré, qu'il valait mieux le laisser tel qu'il était en 1847, sans même en retrancher l'avant-propos et la lettre que j'ai adressée alors à un corps savant qui m'a depuis lors fait l'honneur de m'associer à ses travaux.

Je prierai seulement ceux de mes lecteurs que pourraient choquer quelques expressions un peu vives de cet avant-propos et de cette lettre, de bien vouloir tenir compte de mes quinze années de moins et du mécontentement que légitimaient alors les singuliers procédés qui avaient marqué l'examen et le jugement des ouvrages envoyés au concours.

Je me bornerai ici à compléter mon premier travail par quelques explications et observations nouvelles.

Je déclarerai d'abord que, après un examen consciencieux des opinions que j'ai exprimées dans ce mémoire, je ne vois aucune raison pour ne pas y persister.

Je reste toujours persuadé que les styles qui offrent le plus de ressources aux conceptions de nos architectes sont ceux qui ont pris cours dans le *moyen âge*, et que le style *ogival* et le style *romano-byzantin* sont, selon les cas, ceux qui se prêtent le mieux à l'édification des églises.

Mais, et c'est une observation sur laquelle je crois devoir tout particulièrement insister, je n'entends pas, en émettant cette opinion, que nous nous constituions en serviles copistes de nos devanciers. Je comprends, au contraire, que, tout en nous pénétrant bien des styles qu'ils ont employés et de ce qui en fait le véritable cachet, nous recherchions aussi ce qui en constitue la raison d'être, et que, nous inspirant aux œuvres les plus pures et les plus belles du moyen âge, nous sachions profiter de tous les progrès qui ont été réalisés depuis cette époque, pour donner à nos propres œuvres tout le développement et toute la perfection qu'elles comportent.

Je n'admets pas, notamment, qu'on copie plus ou moins servilement des choses laides, difformes ou mal faites, et qu'on puisse se croire à l'abri de toute critique parce qu'on peut dire que c'est la reproduction exacte de quelque monument ancien.

Avec un pareil système, qui compte pourtant des partisans, les arts n'auraient jamais progressé, et nous aurions encore aujourd'hui, au lieu des chefs-d'œuvre de l'antiquité, les grossières et roides ébauches du siècle des Sésostris et des Pharaons.

J'admets l'éclectisme en architecture comme dans les autres branches des beaux-arts, mais non l'éclectisme qui consiste à glaner dans différents styles pour en faire des assemblages monstrueux ou manquant d'unité, mais cet éclectisme qui consiste à faire un choix judicieux dans chaque style ou chaque variété de style de ce qu'il a de meilleur et de plus correct, pour en former la base d'un style encore plus épuré, si c'est possible.

Mais, pour atteindre le but que j'indique, ce ne sont pas seulement les formes extérieures des œuvres de nos devanciers qu'il faut étudier, ce sont aussi et surtout les idées et les principes qui leur ont donné naissance.

Ainsi, dans le style ogival, il s'agit bien moins de connaître à fond toutes les variétés d'ogives employées à diverses époques, les formes des moulures, des dais et des clochetons, les mille caprices du dessin des meneaux, des chapiteaux et d'une ornementation parfois trop exubérante, que de se pénétrer des principes de l'art de bâtir et des convenances auxquelles sont dues la disposition et l'agencement des masses et des détails. Quand on se sera bien pénétré de ces principes et de ces convenances, on pourra ensuite marcher dans la voie du progrès avec la même sûreté que les architectes du moyen âge, et atteindre la limite qu'ils auraient atteinte eux-mêmes s'ils avaient eu à leur disposition les moyens d'exécution de notre moderne industrie, et s'ils avaient vécu au milieu de notre civilisation et des besoins de l'époque actuelle.

Il n'est pas douteux, pour tout homme qui réfléchit, que si l'école gothique était venue sans interruption jusqu'à nous, elle n'eût, en poursuivant sa marche progressive, réalisé encore bien d'autres merveilles que celles qu'elle nous a léguées il y a des siècles.

Ce sont donc, je le répète, les principes dont sont issues les œuvres du moyen âge qu'il faut rechercher avec persistance et dont il faut tâcher de nous bien pénétrer. Quand nous en serons bien imbus, nous pourrons reprendre avec sûreté la voie délaissée au XV⁰ siècle, et ériger pour les siècles à venir des œuvres qui marqueront dignement notre époque.

Mais croire qu'en réduisant l'étude de l'art à dessiner des ogives et des moulures, des pinacles et des clochetons, nous parviendrons à retrouver la voie perdue, c'est, à mon sens, une erreur et une erreur profonde.

On ne saurait trop le redire, ce qui constitue le principal mérite des œuvres du moyen âge, c'est la science positive, qui y éclate bien plus que la science du sentiment, qu'on appelle l'*art*. C'est la connaissance des lois de la résistance des matériaux, de l'équilibre des masses, de la poussée des voûtes et des charpentes, qui seule a pu donner naissance à ces formes sveltes et hardies que nous admirons; ce que l'art abstrait y a ajouté se réduit souvent à peu de chose, et c'est presque toujours dans son application qu'on remarque des écarts et des erreurs regrettables dans les monuments du moyen âge.

La preuve de ce que j'avance ici, c'est que si l'on supprime par la pensée toute cette végétation de pierre qui recouvre les vieux édifices cités comme des merveilles, on n'enlève rien ni à la noblesse de leurs lignes ni à leur majesté. La science, en un mot, a créé les formes, l'art n'a fait que de les parer.

C'est pénétré de ces idées, qui sont du reste partagées par des écrivains de mérite et qu'on rencontre notamment dans les œuvres si consciencieuses et si savantes de M. Violet-le-Duc, qu'il m'a été possible, et je pense que c'est seulement ainsi que cela est possible, de comparer au point de vue économique les constructions du moyen âge à celles de l'antiquité et de nos jours, et je prie surtout le lecteur de ne pas l'oublier.

Car, en se plaçant à un autre point de vue, on pourrait arriver à des résultats diamétralement opposés à ceux de mon étude, la partie décorative d'une grande œuvre architecturale entraînant fréquemment à des dépenses fort élevées et qui manquent de commune mesure.

C'est en recherchant l'effet, comme les gothiques, principalement dans les bonnes dispositions et proportions des masses, dans l'emploi intelligent des matériaux, consistant à les faire travailler sur toute la partie de leur force qu'on peut prudemment leur demander, qu'on aboutira toujours, ainsi que je l'ai démontré, à faire des constructions monumentales à un prix moins élevé avec les styles du moyen âge qu'avec ceux qui ont eu tant d'éclat à Athènes et à Rome.

Malheureusement la plupart des essais tentés dans la voie du moyen âge paraissent aller tout à l'encontre de ces idées et de ces principes, et une grande partie de l'argent qu'on y dépense s'en va dans une foule de détails que, par motif d'économie, on traite petitement et piteusement, ce qui est cause que bien des édifices prétendûment gothiques de notre époque ressemblent plus à des œuvres sorties de l'officine d'un pâtissier que du cerveau d'un artiste.

C'est chose vraiment triste à voir, dans les villes aussi bien que dans les villages, que ces essais avortés d'architecture ogivale ou romano-byzantine, avec de maigres tablettes de pierre, des clochetons étiques, des meneaux en fer qui ressemblent, en laid, à des toiles d'araignées, de petits clochers bien grêles, des balustrades étriquées. Quand on compare tout cela à l'ampleur des mêmes détails dans les monuments anciens, on se sent vraiment dégoûté.

Comment les architectes ne comprennent-ils pas qu'ils feraient bien mieux en supprimant toute cette décoration de pacotille, et en employant l'argent qu'elle absorbe sans utilité comme sans résultat artistique à mieux proportionner leurs œuvres et à leur donner toute la perfection matérielle qu'elles comportent ?

Ce n'est que dans des cas fort rares aujourd'hui que l'architecte dispose des sommes nécessaires pour traiter convenablement la partie purement ornementale des monuments, et c'est pour lors seulement qu'il devrait réserver son talent et s'efforcer de la traiter dignement. Dans tous les autres cas, mon avis est que plutôt que de l'étriquer ou d'avoir recours à des expédients pour suppléer au manque d'argent, il ferait mieux d'y renoncer ou d'en user avec la plus grande sobriété.

L'emploi des ressources nouvelles qu'offre à l'architecte notre moderne industrie, et particulièrement celle du fer, n'a pas fait faire à l'architecture des églises un pas bien sensible depuis l'époque où mon mémoire a vu le jour.

On a fait quelques essais qui n'ont pas toujours été heureux, et je cite comme tel le Beffroi de Gand, dont l'aspect disgracieux est bien plutôt fait pour dégoûter d'employer la fonte moulée à la construction des flèches des églises qu'à y engager.

La Chapelle Salazaar, à Bruxelles, dans laquelle la fonte a été employée d'une façon systématique pour former tout ce qui en constitue l'ossature, est une construction beaucoup plus louable, et l'on ne peut reprocher à l'architecte qui l'a conçue [1] que de s'être trop attaché à produire avec de la fonte l'image exacte de constructions en pierre, car c'est précisément cette imitation servile qui est cause du peu de faveur qui a accueilli cet essai.

La petite église construite par le même architecte aux frais de feu M. le comte de Meeus près de son château d'Argenteuil, en Brabant, est encore un autre essai auquel s'applique non-seulement la critique que je viens de formuler, mais en outre celle d'avoir employé le métal là où l'emploi de la pierre eut été tout à la fois plus économique et plus convenable. Cette église est, en effet, presque tout entière en fonte, et la pierre n'y est entrée que comme soubassement ou comme remplissage d'un réseau métallique, composé de contreforts, de piliers et de nervures, auxquels l'architecte a donné les formes consacrées de la pierre.

On regrette, en voyant cet édifice, qu'il se soit servilement astreint à copier des formes qui avaient parfaitement leur raison d'être avec la pierre, mais qui sont des non-sens avec le métal, et qu'il n'ait pas eu assez de confiance en lui-même pour en oser de plus appropriées à la matière qu'il employait.

[1] M. Carlier, de Nivelles.

L'essai tenté à l'église Saint-Eugène, à Paris, par M. l'architecte Boileau, est infiniment mieux réussi sous tous les rapports. Non-seulement l'architecte n'a fait usage du fer et de la fonte que là où leur emploi est logiquement indiqué, mais il a trouvé des formes, des combinaisons et des agencements qui me paraissent être dans la bonne voie, et que j'engage à voir et à étudier tous ceux qui voudraient faire des tentatives analogues.

Je ne puis, du reste, que répéter à ce sujet ce que j'ai dit il y a quinze années : les constructions en métal ne se feront accepter dans l'architecture des églises, comme dans celle des constructions industrielles et des grands travaux d'art, qu'à la condition d'y être introduits à point, c'est-à-dire là où il y a réellement avantage à les employer de préférence à d'autres, soit sous le rapport économique, soit pour produire certains effets, et en outre à la condition de montrer nettement la matière dont elles sont formées, ce qui se fera tout seul quand on procédera logiquement. Mais tant et aussi longtemps qu'on emploiera le métal à représenter des simulacres de constructions en pierre ou en bois, on ne fera jamais que des pastiches que réprouveront tous les hommes de goût.

C'est aux architectes de chercher et de trouver des formes qui, tout en laissant deviner la matière au premier coup d'œil, soient de nature à satisfaire le regard et à s'harmoniser aux formes des constructions faites de matières différentes avec lesquelles elles sont combinées, et je reste persuadé qu'en n'employant le fer et la fonte que là où leur emploi est bien indiqué, qu'en donnant aux pièces ou aux systèmes métalliques les formes que leur assignent les règles de la statique et les lois de la résistance de la matière, il est parfaitement possible d'atteindre le but.

Je ne nie pas qu'il y aura souvent une certaine difficulté à passer des formes plus ou moins lourdes des parties en pierres de l'édifice aux formes légères des constructions en métal, mais ce serait trop douter du talent de nos architectes que de croire qu'ils seront à tout jamais incapables de trouver d'heureuses transitions.

Les architectes de l'antiquité et du moyen âge en ont bien trouvé de telles pour passer des constructions en pierres aux constructions en bois; il ne s'agit, en définitive, pour les nôtres que de faire un pas de plus dans la même voie, et je ne saurais les croire incapables de l'accomplir.

Du reste, c'est, à mon avis, moins l'impuissance qui les arrête que le manque de hardiesse à tenter quelque chose de neuf.

Ils ont peur, en quittant les voies battues, de prêter le flanc à ces critiques trop souvent malveillantes qui s'acharnent sans pitié aux essais qui ne réussissent pas complétement du premier coup, et ils ne les tentent qu'à contre-cœur ou par inexpérience, se hâtant d'y renoncer à la première occasion plutôt que d'y persévérer pour y apporter, le cas échéant, toutes les améliorations que l'expérience seule indique, et dont la succession non interrompue finirait par faire atteindre la perfection que l'on cherche.

Ce n'est pas ainsi qu'ont procédé, certes, les architectes du moyen âge. Avant d'arriver au point de se faire admirer, ils ont aussi commis bien des écoles, ils ont éprouvé bien des mécomptes, mais ils étaient doués d'un courage et d'une persistance qui nous manque aujourd'hui; la vue ou la nouvelle d'un insuccès ne les décourageait pas, ils n'y voyaient qu'un enseignement pour l'avenir et n'en progressaient que plus résolûment.

Notre époque procède d'une manière toute différente, et c'est ce qui est cause que jusqu'ici nos progrès sont insensibles. Nous en avons eu encore tout récemment un exemple à propos de la Bourse d'Anvers, dont je crois pouvoir dire un mot ici, car il s'agissait là d'une tentative remarquable de l'emploi de la fonte et du fer sous des formes très-acceptables au point de vue de l'art, et dont les constructeurs d'églises auraient pu profiter.

La Bourse d'Anvers était un grand édifice du XVIe siècle, présentant une suite de bâtiments à un seul étage groupés autour d'une vaste cour rectangulaire, et offrant au rez-de-chaussée un promenoir décoré d'élégantes colonnettes et d'arcades supportant l'étage.

Le promenoir était depuis longtemps reconnu insuffisant pour le public qui s'y réunissait aux heures des affaires, et presque toujours la cour se trouvait alors pleine de monde aussi bien que les galeries, ce qui n'était pas sans inconvénient dans notre climat pluvieux.

Après bien des débats et des ajournements, on avait enfin résolu de couvrir la cour d'une calotte vitrée, et un de nos plus habiles industriels, M. Ch. Marcellis, de Liége, réussit enfin, avec le concours de quelques artistes dont il avait pris conseil, à présenter un projet qui parut acceptable sous le double rapport du but à atteindre et du style qui devait nécessairement s'harmoniser avec le style bien connu de l'édifice.

La réussite fut aussi complète, il faut bien le reconnaître, qu'on pouvait l'espérer d'une première tentative, et la couverture de la Bourse d'Anvers fut pendant un certain nombre d'années un objet de curiosité et d'admiration même pour tous les étrangers qui visitaient notre métropole commerciale.

Malheureusement un terrible incendie, allumé dans les constructions qui entouraient la cour, vint détruire les principaux points d'appui de cette audacieuse construction et la ruina complétement.

Aujourd'hui qu'il s'agit de relever l'édifice de ses cendres, que fait-on? Juste tout le contraire de ce que la logique indique.

On s'est emparé, à propos de la catastrophe, de quelques défauts vrais ou supposés de l'œuvre de M. Marcellis pour la déclarer radicalement mauvaise et la condamner à jamais.

Au lieu de profiter de la reconstruction pour faire disparaître ces défauts, et apporter à l'ouvrage tous les perfectionnements et les améliorations que l'expérience avait indiqués, on change brusquement de route et l'on pense à faire quelque chose de tout autre, courant ainsi la chance de retomber dans quelque banale copie d'une construction en bois ou de faire un pas en arrière.

Je considère ce fait comme déplorable au point de vue de l'art, parce que avec une telle versatilité dans les idées, avec une telle facilité à accepter la critique ou le blâme sur tout ce qui se tente de réellement neuf, il est impossible que nous ne continuions pas indéfiniment à déplorer l'impuissance des architectes dont nous nous plaignons sur tous les tons, en faisant tout ce qui dépend de nous pour étouffer leur génie d'invention et pour les tenir dans les idées étroites dont nous leur reprochons sans cesse de ne savoir se dégager.

Il y a loin de cette manière de voir et d'agir à celle qui, au dire de l'illustre Robert Stephenson[1], règne en Angleterre et à laquelle j'attribue, pour ma part, les éminents progrès réalisés depuis cinquante ans dans les constructions civiles par nos voisins d'outre-Manche.

Là on fait aussi des essais, on réussit souvent, on échoue quelquefois, mais, dans ce dernier cas, on persiste et l'on avance en améliorant, et c'est ainsi qu'on y est parvenu à faire ces grands travaux dont la hardiesse étonne autant que la nouveauté, et qui, après avoir fait pendant bien des années l'objet de l'admiration de tous ceux qui se rendaient en Angleterre, ont enfin pris pied sur le sol du continent.

[1] En 1845, j'avais été chargé par la Chambre des Représentants, avec feu le colonel du génie Dandelin et feu le professeur Lesoinne, de faire un voyage en Angleterre pour y recueillir quelques renseignements et avis à propos de la malheureuse affaire du *tunnel de Cumptich*, qui avait causé dans le pays une si grande émotion ; à cette occasion nous vîmes l'illustre Stephenson, qui était alors occupé à travailler au projet du fameux pont-tube *Britannia* qui a fait toute une révolution dans l'art des constructions. Parlant de la hardiesse de cet ouvrage et de beaucoup d'autres qui nous avaient frappés dans nos excursions sur les chemins de fer anglais, le colonel Dandelin demanda à Stephenson si les ingénieurs de son pays avaient quelques règles théoriques ou pratiques pour déterminer ainsi *à priori* les dimensions d'ouvrages qu'on tentait pour la première fois. — *Oh ! non*, répondit Stephenson avec ce flegme particulier que possèdent en général les Anglais, *nous pesons cela dans la main, et si ça tombe nous recommençons*.

C'est de là sans doute qu'il nous faudra encore attendre que nous viennent, pour les églises, les combinaisons et les proportions nouvelles que nous appelons depuis si longtemps de nos vœux inutiles !

Malheureusement ce n'est pas par le goût artistique que brillent les Anglais, et ce qu'ils ont si merveilleusement réalisé pour ces constructions industrielles leur sera peut-être bien difficile et bien long à produire pour des œuvres qui sont davantage du domaine de l'art.

En fait de décoration, je n'ai que peu de chose à ajouter à ce que j'ai dit dans le chapitre qui y est destiné.

Je crois toujours qu'il est possible de varier l'aspect des murs, des piliers et des voûtes par l'emploi de matériaux divers ou diversement colorés, et j'ai pu m'en convaincre davantage en voyant en détail nos magnifiques églises de *Sainte-Waudru* à Mons et de *Saint-Loup* à Namur, ainsi que quelques églises d'Italie, parmi lesquelles je cite particulièrement les *dômes de Sienne* et *de Pise*.

Ce sont de magnifiques exemples de l'effet qu'on peut produire par l'emploi sage et intelligent de matériaux divers.

Sainte-Waudru avec ses piliers en pierres grises et ses voûtes en briques sans enduit, le dôme de Sienne avec ses belles assises de pierre noire mariées systématiquement, dans les murs, les piliers et les voûtes, avec des assises de pierres blanches, sont d'un grandiose qui ne le cède en rien, comme effet, aux plus riches ornementations obtenues à l'aide du peintre ou du mosaïste.

Mais ces exemples mêmes, que je cite comme étant pris parmi les meilleurs et rentrant le mieux dans les idées que j'ai émises, montrent assez avec quelle réserve j'estime qu'on doit user de ce moyen d'effet.

Je n'entends pas, comme quelques personnes le préconisent, qu'il faille recourir à des combinaisons de couleurs nombreuses et diaprées, que le blanc doive être banni des monuments comme une horreur, et que, poussant cet amour immodéré de la couleur jusqu'à l'excès, il faille même peindre ou colorer les statues et les bas-reliefs Je suis au contraire d'avis qu'on ne saurait se montrer trop réservé dans l'emploi de ce moyen décoratif qui, à moins d'être manié par des gens du goût le plus sûr et le plus exquis, conduit presque toujours au bariolage.

C'est un écueil que n'ont pas toujours su éviter les gothiques, et contre lequel je crains bien que ne nous fasse encore plus d'une fois échouer l'amour outré des archéologues pour tout ce qui tient à cette époque de l'art.

Si j'ai vu de bons spécimens de l'application de ce moyen décoratif, j'en ai vu, par contre, de détestables, et je cite entre autres la belle église de Saint-Servais à Maestricht, qu'à mon sens on a complétement gâtée par l'emploi immodéré de l'or et de la couleur.

La peinture intérieure des églises est devenue aujourd'hui une passion presque aussi grande que celle du badigeon, au moyen duquel on s'est ingénié si longtemps à faire disparaître sous les empâtements de la brosse tant de fines moulures et de curieuses images qu'on découvre tous les jours dans les vieux monuments et auxquelles notre époque a entrepris, sans toujours y réussir, de rendre leur éclat et leur naïveté primitifs ; mais cette passion demanderait peut-être à être tempérée, car il n'est pas toujours possible d'y bien satisfaire sans des dépenses que plus d'une administration est hors d'état de s'imposer ; et l'on fait alors, au rabais, de ces choses peintes ou coloriées qui font regretter la nudité du badigeon.

On a fait pourtant, dans ces derniers temps, plus d'une heureuse application de la grande peinture murale et monumentale à la décoration des églises, et la Belgique peut s'enorgueillir de certaines œuvres de Portaels, de Guffens et Sweerts, de De Taye et d'autres, autant que la France de celles qui décorent aujourd'hui les principales églises de Paris.

J'ai cependant plus d'une fois entendu critiquer ces peintures mêmes, par des gens qui trouvent qu'elles ne sont pas assez *moyen âge,* parce que les artistes qui les ont exécutées n'y ont pas mis les mines renfrognées et les poses roides et parfois un peu gauches d'une époque que les archéologues voudraient nous conserver jusqu'à la fin des siècles ; mais ce sont des critiques auxquelles je ne saurais bien souvent me rallier.

Que l'on conserve minutieusement ces expressions et ces poses lorsqu'il s'agit de restaurer quelque page échappée aux ravages du temps et qu'on veut perpétuer comme exemple de ce qui se faisait à une certaine époque de l'art, rien de mieux, et ce serait même un acte de vandalisme que de ne se pas montrer religieusement copiste et conservateur dans ce cas-là ; mais vouloir qu'on fasse encore la même chose pour des peintures qui s'exécutent de premier jet à notre époque, même dans des monuments modernes, c'est à mon sens une erreur et un anachronisme.

Ce qu'on peut et doit exiger seulement, c'est que l'artiste se pénètre bien du style de l'édifice pour lequel il travaille, qu'il tâche de mettre ses idées en rapport exact avec celles de l'architecte qui l'emploie ou qui lui donne occasion d'éditer son œuvre, afin de conserver au monument le cachet d'unité qu'il doit avoir; mais, à part cette condition qui doit être rigoureusement observée, je ne vois pas pourquoi il ne serait pas permis de peindre ou de sculpter des physionomies et des costumes de notre siècle, lorsque le sujet le comporte, ou d'une autre époque que celle de la construction même du monument, plutôt que des figures qui n'existent plus aujourd'hui que dans l'imagination des artistes ou dans les enluminures des vieux missels.

Je demande encore une fois si, en supposant que l'art gothique fût arrivé sans interruption jusqu'à nous, il est admissible que les architectes et leurs auxiliaires eussent éternellement reproduit les hommes et les costumes du XIIIe, du XIVe ou du XVe siècle, et s'il n'est pas bien plus probable qu'ils eussent successivement fait subir à l'art les transformations nécessaires pour le mettre en rapport avec toutes les modifications sociales et les progrès accomplis depuis ces temps reculés.

Ce que je dis ici à propos de la peinture murale, s'applique également aux vitraux, dans l'exécution matérielle desquels on a fait des progrès signalés depuis quelques années.

Là aussi on imite souvent trop servilement les travaux des anciens, et cela nous vaut encore une fois des imitations et des pastiches dont le mérite est généralement fort mince; j'aimerais bien mieux, pour ma part, à moins qu'il ne s'agisse de restaurer ou de compléter une vieille œuvre dévastée, quelque chose d'original, sentant plus notre époque, quoique conçu, bien entendu, dans un style qui s'harmonise avec celui de l'architecture.

Mais pour cela faire, il faudrait que nos peintres verriers, au lieu de composer eux-mêmes les cartons, quand ils n'en sont pas capables, consentissent à les recevoir d'un artiste rompu à ce genre de travail, se réservant seulement pour eux leur reproduction matérielle et exacte.

L'art du peintre verrier exige, en effet, deux aptitudes très-diverses et qui sont bien rarement réunies :

La parfaite connaissance des procédés industriels de la composition et de la fixation des couleurs, qu'on peut acquérir avec de l'étude et bien appliquer avec des soins;

Le génie artistique de la composition et de la couleur qu'on trouve dans quelques esprits d'élite seulement et qu'on rencontre bien rarement réuni dans un même individu à l'aptitude manuelle et industrielle.

Certes, il y a des exceptions aussi bien de nos jours que dans les temps anciens, mais ce ne sont que des exceptions, et il est arrivé plus d'une fois que des peintres verriers, qui s'étaient fait remarquer par de belles restaurations ou de belles copies d'œuvres du moyen âge, n'ont plus produit que des œuvres d'un mérite équivoque, lorsqu'ils ont voulu faire quelque chose entièrement de leur cru ; et c'est là ce qui fait encore croire à bien des gens que pour les églises du XIIIe siècle comme pour celles du XVe, même celles qu'on érige de nos jours dans ces styles, il est impossible de faire rien qui vaille hors la copie plus ou moins servile de ce qu'ont fait nos devanciers.

C'est là même, si je ne me trompe, le fond de l'idée des *Pré-Raphaélistes*, dont je ne me flatte pas d'obtenir l'approbation.

MÉMOIRE

EN RÉPONSE A CETTE QUESTION :

« Depuis l'introduction du christianisme plusieurs types d'architecture ont
« été employés dans la construction des temples de cette religion. Différents
« par le style et par les moyens d'exécution, tous avaient cependant pour
« but de couvrir et de clore des espaces considérables, mis en rapport avec
« les exigences du culte et le nombre des fidèles qu'ils devaient contenir.

« *La classe (des beaux-arts) demande quel est, parmi ces différents types,*
« *celui qu'il conviendrait d'appliquer aux monuments religieux de la Bel-*
« *gique, eu égard au climat, aux ressources du pays et aux progrès de*
« *l'industrie, de manière à obtenir le plus de résultat avec le moins de dépense*
« *possible. Les concurrents s'attacheront à indiquer les causes qui ont fait*
« *accepter ou abandonner les différents types admis autrefois.*

« *Ils rechercheront en outre si, par les progrès des sciences et notamment*
« *de la métallurgie, on ne pourrait pas, en introduisant de nouvelles com-*
« *binaisons, donner aux églises un cachet d'originalité qui manque généra-*
« *lement aux constructions de nos jours. Ils indiqueront en quoi et de quelle*
« *manière on pourrait en faire l'application.* »

La question que nous venons de transcrire comprend trois points bien distincts à l'égard desquels la classe des beaux-arts désire obtenir des éclaircissements.

Elle demande :

1° Quelles sont les causes qui ont fait adopter ou abandonner les différents types d'églises chrétiennes admis autrefois, ainsi que les divers styles d'architecture dans lesquels ils étaient conçus;

2° Quel est, parmi ces différents styles, celui qu'il conviendrait d'appliquer aux monuments religieux de la Belgique, eu égard au *climat*, aux *ressources du pays* et aux *progrès de l'industrie*, de manière à obtenir *le plus de résultat avec le moins de dépense possible ;*

3° Si par les progrès des sciences et notamment de la *métallurgie*, on ne pourrait pas, en introduisant de nouvelles combinaisons, donner aux églises un cachet d'originalité qui manque généralement aux constructions actuelles, et en quoi et de quelle manière on pourrait en faire l'application.

Pour répondre aussi complétement et aussi clairement qu'il est en notre pouvoir aux demandes de l'Académie, nous traiterons spécialement chacune de ces trois questions dans un chapitre séparé.

Dans le premier, nous ferons une exposition historique succincte des grands changements survenus dans les dispositions tant intérieures qu'extérieures des temples chrétiens, depuis la basilique romaine jusqu'aux églises les plus modernes. Nous nous attacherons spécialement à déterminer les causes de ceux de ces changements qui ont pu altérer ou changer leur aspect général ou leur style architectural.

Dans le second, nous discuterons quel est le style le plus convenable aux églises de la Belgique, eu égard au *climat*, aux *ressources du pays*, aux *progrès de l'industrie* et au *minimum de dépense*.

Enfin, nous traiterons dans le troisième et dernier chapitre des combinaisons nouvelles qu'on pourrait introduire dans l'architecture des églises en mettant à profit les découvertes et les perfectionnements récents des sciences, des arts industriels et notamment de la métallurgie.

Avant d'entrer en matière, nous croyons utile de faire remarquer que la discussion qui fera l'objet du chapitre second doit nécessairement s'établir en faisant abstraction, dans un style comme dans l'autre, de toute espèce d'ornementation. On conçoit en effet que l'ornementation est, de sa nature, une chose tellement variable et arbitraire, qu'il serait complétement impossible de soumettre les styles à une comparaison générale si l'on voulait en tenir compte. On peut d'ailleurs admettre qu'on se pose la condition de lui donner un égal degré de richesse dans les styles comparés, et alors les conclusions resteront les mêmes. Une remarque analogue s'applique aussi, jusqu'à un certain point, aux combinaisons nouvelles qu'on peut actuellement introduire dans la construction des églises, lorsqu'on veut les apprécier sous le rapport économique ; seulement on peut indiquer d'une manière générale, et c'est ce que nous ferons, quelles ressources ces combinaisons nouvelles peuvent offrir pour la décoration.

Ces indications seront données au fur et à mesure que l'occasion s'en présentera, et nous les compléterons ensuite dans un appendice que nous placerons à la fin du dernier chapitre, et dans lequel nous exposerons nos idées sur le genre d'ornementation qui convient aux églises.

CHAPITRE PREMIER.

Des différents styles d'architecture qui ont été employés dans la construction des temples chrétiens depuis l'introduction du christianisme jusqu'à nos jours.

Le premier temple chrétien fut consacré sous Constantin (an 323)[1]; jusque-là, poursuivis par une persécution acharnée, traqués comme des malfaiteurs ou des êtres dangereux, les sectateurs de la religion du Christ, loin d'oser étaler leurs cérémonies au grand jour, devaient chercher au fond des carrières abandonnées un refuge contre la fureur de leurs ennemis.

A l'époque dont nous parlons, le paganisme s'écroulait de toutes parts, et le chef de l'empire, en embrassant la religion nouvelle, donnait un exemple tellement contagieux que 66 ans plus tard (389) Théodose la proclamait religion de l'État.

Néanmoins, au temps de Constantin, le paganisme était encore trop enraciné dans les mœurs du peuple, pour qu'on pût affecter, au service du nouveau culte, des temples consacrés à celui des idoles. D'ailleurs ces temples n'eussent pu satisfaire aux exigences des cérémonies chrétiennes. Dans la religion païenne, les prêtres seuls avaient l'entrée du temple, et la plupart n'offraient que l'espace nécessaire pour les contenir, avec l'autel des dieux, les victimes et les instruments nécessaires aux sacrifices. La religion du Christ, au contraire, exigeait la présence dans l'intérieur de l'église de tous ses sectateurs. Peut-être aussi l'horreur des chrétiens pour les abominations du paganisme eût-elle suffi pour les empêcher de s'en servir, alors même qu'ils eussent offert l'espace et la distribution convenables.

Quoi qu'il en soit, les premières assemblées publiques des chrétiens se tinrent dans des édifices qui jusque-là n'avaient rien eu de sacré. Il existait à Rome et dans les autres villes de l'empire de vastes salles nommées *basiliques*

---

[1] Il paraîtrait que des églises furent pourtant consacrées avant cette époque; mais on ne possède, à leur égard, que des renseignements extrêmement vagues et incertains.

où, dans l'origine, le souverain rendait la justice, mais qui peu à peu s'étaient transformées, en divers lieux, en des espèces de bourses où les négociants se réunissaient pour traiter d'affaires.

Ce furent ces salles que l'on transforma en églises, et elles étaient tellement propres à cet usage que plus tard, quand le culte des faux dieux fut totalement abandonné, et qu'on dut augmenter le nombre des temples chrétiens, on se mit à démolir ceux du paganisme pour y prendre les matériaux nécessaires à l'érection de basiliques nouvelles, plutôt que de s'en servir tels qu'ils étaient [1].

La basilique romaine fut donc le *premier type* de l'église chrétienne. Exposons, en quelques mots, comment elle était constituée.

La basilique consistait en une vaste salle oblongue, divisée, dans le sens de sa largeur, en trois travées, au moyen de deux rangées de colonnes parallèles.

La travée centrale, appelée la *nef*, était beaucoup plus large et plus haute que les deux latérales, auxquelles on a donné, pour cette raison, le nom de *bas-côtés*. Les deux lignes de colonnes dont nous avons parlé supportaient, au moyen d'architraves, des murs élevés sur lesquels reposait le toit de la nef. Les bas-côtés étaient clos par des murs soutenant un toit en appentis qui prenait son autre point d'appui contre le mur de la nef.

Les murs, tant de la nef que des bas-côtés, étaient percés de fenêtres cintrées, dans le prolongement de l'axe des arcades ou des entre-colonnements. Le toit et les appentis étaient soutenus par un système de fermes d'une construction fort simple, visibles à l'intérieur du temple.

Les files de colonnes et les bas-côtés qui prenaient naissance à l'un des bouts de la salle, s'arrêtaient à quelque distance de l'autre extrémité, de manière à laisser, en cet endroit, un espace libre plus ou moins étendu que l'on nommait le *transceptum*. Le pavé de cet espace était un peu plus élevé que celui du restant de la salle, et l'on y montait par quelques degrés. C'était là que se plaçaient les avocats et autres gens de loi.

Enfin, au delà du transceptum et dans le prolongement de la nef, se trouvait un enfoncement demi-circulaire, couvert par une voûte hémisphérique (*concha* en latin, *apsis* en grec) [2], dans lequel siégeaient les juges.

---

[1] Il est à remarquer que ceux des anciens temples païens de Rome qui sont actuellement consacrés au culte catholique, comme Sainte-Marie des Martyrs (le Panthéon), Saint-Étienne le Rond, etc., n'ont reçu cette destination qu'à une date assez rapprochée de nous.

[2] Nous rappellerons que c'est de ces mots *transceptum* et *apsis* que sont dérivés ceux

A part les colonnes qui étaient ici bien plus des objets d'utilité réelle que de décoration, l'intérieur de l'édifice ne présentait que des murs nus, percés de fenêtres, mais construits quelquefois ou simplement revêtus avec des matériaux précieux. Ce ne fut pourtant qu'assez tard, selon toute apparence, qu'on les orna de ces placages en mosaïques dont Saint-Paul hors les Murs offrait un si magnifique spécimen.

A l'extérieur, la plus grande simplicité se faisait également remarquer. L'entrée seule était précédée d'un porche soutenu quelquefois par des colonnes.

La basilique était parfaitement appropriée aux besoins du culte des chrétiens ; ses vastes travées pouvaient contenir la foule des fidèles, tandis que son porche offrait un abri aux cathécumènes qui ne participaient pas encore aux saints mystères. L'autel était admirablement placé sur le pavé élevé du transceptum, et l'évêque trouvait, dans l'enfoncement de l'abside, une place dominante d'où il pouvait surveiller tout ce qui se passait dans l'église.

Aussi, quoi qu'on ait, dans les premiers temps du christianisme, construit en plusieurs lieux des églises circulaires ou polygones, qui offraient des avantages sous plusieurs rapports, la forme basilicale fut cependant la seule qui prévalut d'une manière générale.

Les avantages de la forme circulaire n'étaient pourtant pas à dédaigner. On remarque en effet :

1º Qu'à *périmètre égal,* le cercle est, de toutes les figures géométriques, celle qui renferme le plus grand espace ; il résulte de cette propriété qu'on pouvait enclore le même espace, avec une bien moindre dépense, en le limitant par un mur circulaire que de toute autre manière, et surtout qu'en faisant usage d'un rectangle plus ou moins allongé [1].

2º A hauteur égale, les murs construits sur un plan circulaire exigent une épaisseur moindre que quand ils se développent suivant les côtés d'un rectangle [2].

3º Enfin la forme circulaire se prête mieux que toute autre à l'emploi de

---

de *transcept* et d'*abside,* dont nous ferons plus d'une fois usage, et qui servent à désigner, le dernier, le sanctuaire ou le chœur, et le premier, la travée transversale qui le précède immédiatement.

[1] Un calcul fort simple prouve, par exemple, que pour enclore un espace donné au moyen d'un mur circulaire, il faut un développement de mur proportionnel à 6.28, tandis qu'il serait de 7.50 en faisant usage d'un rectangle d'une longueur double de la largeur. (Voir la note A.)

[2] Voir la note B.

ceintures en charpente ou en fer, propres à neutraliser l'effet de la poussée des voûtes. Nous n'avons pas besoin de faire remarquer que la forme polygonale participe d'autant plus de ces propriétés qu'elle se rapproche davantage de la forme circulaire, ou, en d'autres termes, que le nombre des côtés du polygone est plus grand.

On peut présumer, avec quelque fondement, que si des avantages aussi marqués n'ont pu faire prévaloir la forme circulaire ou polygonale, c'est qu'on reconnut qu'elle ne satisfaisait pas, aussi bien que la forme basilicale, aux exigences du culte, ou qu'elle n'était pas d'une distribution aussi commode pour le service. Peut-être aussi l'idée de reproduire mystiquement le signe de la rédemption, par la combinaison de la nef, de l'abside et du transcept, vint-elle, plus tard, s'ajouter à ces motifs de préférence.

Quoi qu'il en soit, nous ne pouvons considérer les églises circulaires ou polygones que comme des types exceptionnels que l'usage n'a pas sanctionnés, mais qu'on peut regarder comme ayant amené, peut-être, la transition au *type byzantin* dont nous parlerons plus loin.

L'on remarquera, en effet, que le plan des églises byzantines reproduit bien souvent la combinaison d'une église polygone ou circulaire, flanquée d'une nef, d'une abside et des deux bras de transcept.

Le style architectural des premières églises que nous venons de décrire était celui que l'on a désigné sous l'épithète de gréco-romain ; c'est-à-dire ce dérivé du style grec qui ne s'en distingue que par quelques détails et principalement par l'emploi de la voûte en plein cintre, dont l'invention est attribuée aux Romains et que, dans tous les cas, les Grecs ne connaissaient pas [1]. Nous rappellerons en peu de mots la forme de ses éléments les plus caractéristiques.

1° *Colonne* cylindrique, reposant sur une base plus ou moins ornée de moulures. Le fût est légèrement effilé vers le haut et parfois décoré de cannelures. Il est surmonté d'un chapiteau qui offre, dans certains cas, un tailloir carré surmontant une cymaise de moulures annulaires (chapiteaux toscan, dorique); dans d'autres une forme analogue, mais décorée de volutes (chapiteau ionique); d'autres fois, enfin, le chapiteau a la forme d'une corbeille élégante surmontée d'un tailloir chantourné, et décorée de feuilles d'acanthe, de volutes, ou d'autres ornements délicatement sculptés (chapiteaux corinthien et composite).

2° *Piédestal* composé d'un *dé*, d'un *socle* et d'une *corniche ;* le socle et la

---

[1] Plusieurs archéologues attribuent l'invention de la voûte aux Étrusques : c'est une question que nous croyons inutile de discuter ici.

corniche sont souvent ornés de moulures. Le dé est ordinairement uni ; quelquefois orné d'un astragale (piédestaux corinthien et composite); le piédestal sert de soubassement à la colonne. Assez souvent, toutefois, la colonne pose immédiatement sur le sol ou sur un simple dé.

3° *Entablement* composé de trois membres : l'*architrave*, la *frise* et la *corniche*.

De toutes ces parties, la corniche est la plus ouvragée : non-seulement elle se compose d'un assemblage de moulures riches et variées, mais souvent encore sa magnificence est rehaussée par des mutules (ordre dorique), des denticules, des modillons élégants, ou par des ornements sculptés sur les moulures (ordres dorique, ionique, corinthien, composite).

La frise est quelquefois plane ; d'autres fois elle est ornée de triglyphes et de métopes (ordre dorique) ou de bas-reliefs de la plus grande beauté (ordres ionique, corinthien, composite).

L'architrave est tantôt plane (ordre toscan); d'autres fois elle offre une succession de deux ou trois faces, en saillie les unes sur les autres, et décorées d'une baguette ou d'un talon (ordres dorique, ionique, corinthien, composite).

La *colonne*, le *piédestal* et l'*entablement* constituent un *ordre d'architecture*; il existe, aussi bien entre ces trois grandes fractions qu'entre leurs propres subdivisions, des rapports à peu près constants qui leur impriment un cachet tout particulier de force (ordres toscan et dorique) ou d'élégance (ordres ionique, corinthien et composite).

4° *Arcades et voûtes en plein cintre.* C'est le trait le plus caractéristique de l'architecture romaine. Les Grecs n'employaient pour relier leurs colonnes ou couvrir l'espace compris entre les murs, que l'architrave ou la plate-bande. Les Romains substituèrent souvent la voûte au plafond, et, dans l'encadrement formé par les colonnes et l'architrave, ils inscrivirent l'arcade posant sur des appuis particuliers nommés *jambages*. L'arcade était fréquemment décorée d'une *archivolte*, bandeau saillant plus ou moins chargé de moulures, et elle posait sur deux pierres saillantes et décorées de moulures nommées *impostes* qui couronnaient les jambages.

5° Nous ajouterons à ces divers caractères qui suffisent pour distinguer immédiatement le style gréco-romain de tous les autres, la faible inclinaison des versants des combles qui dépassait rarement vingt-cinq degrés avec l'horizon.

Nous avons esquissé la naissance de l'église chrétienne ; nous avons indiqué les types qui se produisirent et durent se faire concurrence dans le principe, et nous avons fait connaître, autant que possible, les motifs qui ont fait prévaloir l'un à l'exclusion de l'autre. Le style architectural dans lequel ils furent bâtis était celui du peuple qui les érigea. Les Romains n'en employaient point d'autre.

Exposons maintenant les changements que subirent, aussi bien dans leur ensemble que dans leurs détails, ces dispositions premières.

Constantin, maître de l'empire, n'avait pas tardé à en transporter le siége à Byzance. Tout ce que Rome comptait d'illustre dans les arts et dans les sciences émigra avec lui. Le zèle de néophyte qu'il déployait pour la religion nouvelle augmenta rapidement le nombre de prosélytes dans la nouvelle capitale, et les architectes romains durent bientôt se mettre à l'œuvre pour ériger des églises qu'on demandait de toutes parts. Habitués à la forme basilicale qui leur avait si bien réussi dans la mère patrie, ils la transplantèrent, si l'on peut s'exprimer ainsi, sur les rives du Bosphore. Plus tard, sans doute, les architectes byzantins, habiles dans la construction des voûtes, voulurent renchérir en hardiesse sur ces modèles d'une architecture exotique, tout en lui empruntant quelques-uns de ses éléments. Les basiliques n'étaient couvertes que par de vastes charpentes que dévorait trop souvent l'incendie; ils les remplacèrent par une savante combinaison de voûtes faite pour étonner ceux-là mêmes qui avaient pu contempler le Panthéon. L'an 537, Artémius de Talles et Isidore de Millet avaient mis la dernière main au temple érigé à la sagesse divine dans Constantinople, par Justinien. Sainte-Sophie, en émerveillant les fidèles par la hardiesse de sa construction, devient, dès-lors, le type de l'église chrétienne en Orient. La basilique qu'on retrouvait à peine sous son dôme élevé, sous ses vastes arcades, y fut bientôt oubliée ou dédaignée.

Donnons une idée de ce qu'était ce nouveau type :

Sainte-Sophie offrait à l'intérieur la forme d'une croix grecque, c'est-à-dire à quatre branches courtes et égales. Deux de ces branches se terminaient par des niches cintrées semblables aux absides des basiliques; les deux autres étaient terminées par des renfoncements carrés. Dans ces derniers étaient pratiqués deux rangs de galeries destinées aux femmes. L'intersection des quatre branches formait un carré parfait sur lequel était élevée une coupole sphérique d'environ 110 pieds de diamètre et 38 pieds de haut, soutenue par quatre pendentifs placés dans les angles du carré. Ces pendentifs avaient eux-mêmes, comme points d'appui, quatre gros piliers de section carrée. A leur sommet régnait une corniche surmontée d'une galerie circulaire.

L'édifice était clos par un mur d'enceinte se développant sur un plan carré et formant, par sa combinaison avec les branches de la croix, quatre bas-côtés fort courts. Ce mur ne présentait d'autres ouvertures que celles qui donnaient accès dans l'intérieur du temple, lequel était éclairé par une couronne de petites fenêtres percées à la base de la coupole.

Un porche ouvert par des arcades se faisait remarquer sur la façade principale.

Les innovations des Byzantins ne s'arrêtèrent pas aux dispositions générales de l'édifice. Ils en apportèrent aussi dans les détails qui donnent bientôt à leur architecture un caractère tranché et spécial.

L'une des plus importantes est celle qu'un auteur[1] a appelée l'*affranchissement de l'arcade*, expression qui caractérise parfaitement le fait auquel elle a rapport. Nous avons dit précédemment que les Romains n'employaient l'arcade, dans leurs compositions, qu'en l'emprisonnant dans l'entre-colonnement et sous l'architrave où, à la rigueur, elle pouvait être considérée comme une superfétation. Les Byzantins eurent les premiers, paraît-il[2], l'idée de la faire porter immédiatement sur les colonnes, et dès lors ils purent non-seulement dégager l'entre-colonnement des jambages qui l'obstruaient inutilement, mais encore en porter la grandeur à des dimensions que l'emploi des architraves, ou des plates-bandes, n'aurait jamais permises. Les églises gagnèrent par là en dégagement intérieur, et prirent un air de légèreté auquel le style romain ne se prêtait pas aussi bien. A la vérité, ce dernier y perdit peut-être quelque chose de sa noble sévérité, mais il conquit ainsi une liberté d'allures qui devait permettre de tirer bien plus facilement parti des perfectionnements et des progrès réalisés dans les arts industriels et mécaniques.

Un changement aussi radical en amena nécessairement quelques autres d'une moindre importance, mais qui concourent cependant à donner au style byzantin son cachet particulier.

Les colonnes rappellent encore bien souvent celles du style gréco-romain quant aux proportions et à la forme des chapiteaux et des bases dont elles sont

---

[1] L'auteur des *Études d'architecture en France*, insérées au *Magasin pittoresque*, année 1839, page 122.

[2] Quelques auteurs prétendent que cette disposition était connue et employée par les Romains avant le règne de Justinien : c'est une question d'archéologie que nous n'entamerons point. Nous nous bornerons à faire remarquer que ce ne fut qu'à partir du sixième siècle qu'elle commença à devenir pour ainsi dire exclusive dans les édifices religieux. Une observation analogue doit être faite à l'occasion des dômes *sur pendentifs*, dont l'invention est attribuée aux Byzantins par plusieurs écrivains, mais qui paraîtraient aussi avoir été connus et employés antérieurement par les Romains. Rondelet cite entre autres une des salles de l'enceinte des thermes de Caracalla, dont le plan est octogone et où l'on voit encore les huit pendentifs qui rachetaient la voûte hémisphérique qui couvrait cette salle. (*Art de bâtir*, t. IV, p. 377, sixième édition.)

décorées. Cependant il arriva fréquemment qu'on ne reconnut pas à ces proportions une force suffisante pour supporter, sans danger, le poids énorme que rejetaient, sur les soutiens, les arcades et les dômes. On leur donna alors des proportions plus courtes et plus ramassées, ou même on leur substitua des piliers de la forme la plus appropriée. Les chapiteaux n'offraient pas toujours une plate-forme suffisamment étendue, ni suffisamment solide, pour supporter convenablement les retombées des arcades accolées ; on leur donna une forme plus évasée mais moins évidée. Souvent ils prirent la forme d'un tronc de pyramide offrant à la vue quatre faces trapèzes plus ou moins décorées. L'arc des arcades ne fut pas à l'abri des innovations byzantines. La nécessité de raccorder, sans trop choquer la vue, des arcades d'une portée souvent fort différente, força à employer tantôt des arcs surbaissés en anse de panier, et d'autres fois des arcs surhaussés en fer à cheval, en ogive ou autrement. Toutefois l'arcade en plein cintre prédomine encore dans l'architecture byzantine, et ce n'est que par exception qu'on voit se produire les autres formes que nous venons de mentionner.

Notons enfin que l'on dut à la décadence des beaux-arts, qu'on ne saurait nier à cette époque d'ailleurs si remarquable sous d'autres points de vue, des changements radicaux dans le système de décoration qui avait prévalu jusqu'alors. On ne trouva plus bientôt de sculpteurs pour fouiller sur les chapiteaux les feuilles élégantes de l'acanthe. Ses découpures et ses fortes saillies s'effacèrent insensiblement, et des rinceaux capricieux mais timides finirent par se mettre à leur place dans les trapèzes des chapiteaux.

La peinture ne produisait plus que d'imparfaites et grossières ébauches ; mais les Byzantins y suppléèrent heureusement, au moyen d'un art qui florissait chez eux, et qui leur fournit les éléments d'une décoration aussi durable que brillante, et qui bientôt envahit toutes les parties de l'édifice. Les coupoles aussi bien que les murs, les arcades, les piliers, et jusqu'aux objets mobiliers du culte se couvrirent de riches mosaïques dans lesquelles l'émail, le jaspe, le porphyre et les marbres les plus précieux reproduisaient de pieuses allégories ou des faits de l'histoire sacrée.

Les traditions de l'architecture gréco-romaine s'étaient ainsi tout à fait éteintes dans l'Orient. Voyons ce qui se passait sur ces entrefaites dans l'Occident.

Rome n'avait pas seulement étendu sa puissance sur les rives du Bosphore, sa domination atteignait jusqu'à celles de l'Océan. Les peuples barbares de la Gaule avaient vu s'élever, au milieu de leurs villes bâties de boue et de roseaux, des palais somptueux, de vastes basiliques, des aqueducs aériens, des cirques immenses, rivalisant avec ceux de la ville éternelle ; l'architecture y étalait partout ses merveilles comme dans les autres villes de l'empire, et l'art de bâtir y était aussi avancé qu'à Rome même.

Mais bientôt envahies par les peuplades sauvages du Nord, les provinces romaines retombèrent dans une profonde barbarie ; Rome elle-même, successivement prise et pillée par les Goths, les Vandales et les Hérules, avait cessé d'être ce centre lumineux d'où rayonnaient, sur le monde habité, les arts et l'industrie. Au milieu des divisions intestines, des guerres civiles et des invasions étrangères, les brillantes traditions du passé s'étaient totalement éteintes, et l'art de bâtir était retombé dans l'enfance.

Cependant, au milieu des convulsions qui amenèrent définitivement la chute du vaste empire, le christianisme avait grandi. Il fallait aux chrétiens de l'Occident des églises pour célébrer leur culte. Partout le besoin s'en faisait sentir.

Mais qui pouvait relever ces vastes basiliques dont les débris jonchaient le sol avec tant d'autres débris ? Qui pouvait ciseler et polir le fût des colonnes, fouiller les chapiteaux, jeter, sur des murs écartés, des voûtes hardies ou même d'élégantes charpentes ?

On vit alors s'élever des constructions lourdes et sans art où la peur se traduit à côté de l'impuissance, malgré l'intention évidente d'imiter les travaux de l'antiquité.

On vit alors la colonne se raccourcir et prendre un diamètre hors de proportion avec la charge qu'elle avait à supporter. Les voûtes incorrectes rester terre-à-terre sur des pieds-droits massifs, au lieu de s'élancer dans l'espace sur des murs légers. Quant aux pièces qui exerçaient auparavant le ciseau du sculpteur, lorsqu'elles ne furent pas ravies à quelque monument antique, elles ne se firent remarquer que par une gaucherie qui accusait la dernière décadence de l'art, si pas sa perte totale.

Cette architecture sauvage, qui succéda à la brillante architecture de Rome ancienne et dont il ne reste plus qu'un fort petit nombre d'échantillons, a été désignée sous différents noms. Celui qui paraît le mieux lui convenir et que nous adopterons dans la suite de cet écrit, est celui d'*architecture romane*.

La forme des églises romanes rappelle d'ailleurs tout à fait celle de la basilique. Sur deux lignes de colonnes, presque toujours lourdes et écrasées, surmontées, en guise de chapiteau, d'un bloc de pierre assez mal dégrossi, posent des arcades en plein cintre, souvent incorrectes, qui supportent les murs et le toit de la nef. Les bas-côtés sont fermés par des murs épais percés de fenêtres semi-circulaires, sur lesquels s'appuie l'égout du toit en appentis qui les couvre. L'édifice est totalement couvert par des voûtes cylindriques, quelquefois aussi par un simple toit dont la charpente est visible à l'intérieur, ou dérobée à la vue par un plafond en menuiserie.

Ainsi, dans toute l'étendue de l'empire romain l'art architectural avait subi une transformation complète. L'Orient l'avait enrichi de combinaisons neuves, originales, d'une hardiesse peut-être inconnue jusqu'alors ; l'Occident l'avait vu retomber au dernier degré de barbarie, et l'absence d'art dans la composition n'était même plus rachetée par une construction plus soignée ou plus savante.

Petit à petit cependant on lui vit reprendre, dans l'Occident, une marche ascendante et, après quelques siècles de tâtonnements et d'essais heureux ou maladroits, il surgit de nouveau pur, hardi et savant comme dans ses meilleurs jours.

Suivons actuellement la filiation de ces progrès.

L'architecture byzantine ne s'était pas arrêtée aux rives orientales de l'Adriatique. Maître de l'Italie par les victoires de Bélisaire et de Narsès, Justinien l'avait réunie à l'empire d'Orient. Ravenne, capitale de l'Exarchat, avait vu s'élever la coupole de Saint-Vital en même temps qu'à Constantinople s'érigeait Sainte-Sophie.

Quoique bientôt rétréci par les conquêtes de voisins avides et entreprenants, le pouvoir des empereurs de Constantinople en Italie continua encore fort longtemps à s'exercer sur un grand nombre de villes du littoral ; lors même qu'elles eurent renoncé à leur obéir, elles conservèrent néanmoins des relations suivies et actives avec leurs sujets.

Ces circonstances firent prédominer l'art byzantin dans les villes italiennes. Saint-Cyriaque à Ancône, Saint-Marc à Venise, et tant d'autres églises empreintes de son caractère, le prouvent surabondamment.

Ce coin de l'Italie, où s'exerçait à loisir le génie des architectes byzantins, était, au milieu des débris et de la barbarie de l'empire d'Occident, comme la dernière étincelle d'un feu sacré qui devait plus tard se rallumer avec éclat.

Placés sur les confins de cette terre privilégiée, les Lombards furent les premiers à profiter des enseignements de l'architecture byzantine, et de proche en proche, l'Allemagne, la France, la Belgique et l'Angleterre les suivirent dans la voie du progrès.

A la suite des temps, il se forma, de cette façon, un mélange des types byzantin et roman, qui produisit un type et un style nouveaux.

Nous allons tâcher de donner une idée de l'un et de l'autre.

Mais observons au préalable, afin d'éviter toute confusion, que le style dont nous allons parler a été désigné tour à tour sous les épithètes de *lom-*

bard, roman, saxon, normand, carlovingien, gothique ancien et *romano-byzantin*. Nous adopterons cette dernière qualification, parce qu'elle le caractérise mieux que toutes les autres.

Le plan des églises romano-byzantines diffère à la fois de celui de la basilique et de celui du dôme byzantin, quoiqu'il participe évidemment de l'un et de l'autre.

La nef et le transcept forment, par leur intersection, une croix latine, symbole des chrétiens de l'Occident. L'abside en occupe le sommet. La nef est, comme dans les basiliques, flanquée assez souvent de bas-côtés, mais la largeur de ces trois galeries réunies est ordinairement moindre que celle du transcept, ce qui rend la forme de la croix aussi bien apparente à l'extérieur qu'à l'intérieur.

Les bas-côtés ne s'arrêtent pas toujours au transcept comme dans les basiliques; souvent au contraire ils se prolongent en galerie circulaire autour de l'abside. Cette disposition fut une véritable amélioration. Elle permit aux longues processions de se développer dans l'intérieur du temple avec moins de confusion qu'auparavant. Quelquefois encore les bas-côtés, et surtout leur prolongement circulaire, sont accompagnés d'une suite de niches profondes ou chapelles consacrées à la Vierge et aux saints. L'ensemble de ces chapelles forme, dans le plan, autour du sommet de la croix représenté par l'abside, une sorte de couronne qui figurait, sans aucun doute, la couronne d'épines qui avait ceint le front du Sauveur.

L'intersection de la nef et du transcept forme, comme dans le type byzantin, un carré recouvert par une coupole sphérique ou octogone, supportée par des pendentifs, mais cachée souvent à l'extérieur sous un toit conique ou pyramidal.

La nef, l'abside, les bas-côtés, le transcept, sont couverts par des voûtes. Dans les édifices les plus anciens de ce style, les voûtes sont simplement cylindriques et s'appuient d'un bout à l'autre sur des murs continus. Dans ceux d'une date plus récente la voûte d'arête est quelquefois employée, et ses arêtes sont déjà accusées par des nervures [1]. Les subdivisions intérieures sont ordinairement marquées par des files d'arcades sur colonnes, comme dans les églises byzantines.

Le porche se retrouve dans la plupart des églises romano-byzantines, mais modifié selon le style. Souvent il est remplacé par un vaste portail, percé dans l'épaisseur de la façade principale, dont les jambages sont garnis de colo-

---

[1] Elles ont ordinairement la forme de gros tores ou de boudins.

nettes groupées et disposées en perspective. D'autres fois le portail est placé en saillie sur la façade et couronné par un pignon dont les versants offrent la même inclinaison que ceux du toit de l'édifice. Quelquefois encore on voit trois portails pareils accolés l'un à côté de l'autre; cependant celui du milieu est généralement plus grand que les deux autres.

Mais ce qui distingue peut-être le plus l'église romano-byzantine des églises plus anciennes, c'est son clocher. On fait remonter au cinquième siècle la coutume d'appeler les fidèles aux offices par le son des cloches; mais ce ne fut, paraît-il, que dans le courant du septième que l'on commença à bâtir des tours pour les y placer; et il est même probable que jusques vers l'an mil, époque que nous considérons comme celle de la naissance du style romano-byzantin, ces tours étaient souvent isolées totalement de l'église : ce fut seulement, suivant les conjectures les mieux fondées, à dater de cette époque qu'elles y furent invariablement incorporées. On les vit tantôt surmonter l'intersection du transcept et de la nef en remplacement de la coupole, tantôt s'élever au-dessus de l'entrée principale. Ailleurs on vit deux tours jumelles se dresser symétriquement aux angles de la façade principale; on en plaça aussi au chevet de l'église, aux extrémités du transcept, etc.

Ces tours qui devaient plus tard former l'une des pièces les plus importantes de l'édifice et le caractériser, étaient d'une grande simplicité dans le principe. Quelquefois rondes, plus souvent carrées, elles allaient en diminuant de grosseur, de la base au sommet, par une suite de retraites étagées, marquées par des cordons ou des balustrades. Le sommet était couvert d'un toit à deux égouts ou à pans, quelquefois très-inclinés, mais souvent pourtant d'une pente assez faible, comparativement à celle qu'on adopta par la suite.

Voici maintenant les traits les plus caractéristiques du style.

La colonne, lorsqu'elle sert réellement de support, affecte encore quelque imitation de l'antique, mais elle est, en général, plus grossière et plus lourde; l'on ne remarque d'ailleurs aucune proportion constante entre la longueur et le diamètre de son fût qui est parfois légèrement conique. Sa base n'est bien souvent qu'un bloc de pierre, rond au sommet, carré par le bas. Son chapiteau n'offre quelquefois aussi qu'un bloc de pierre cylindrique ou tronc-conique; d'autres fois il offre une imitation évidente, quoique incorrecte, des chapiteaux ionique, corinthien et composite, mais les feuilles d'acanthe et les volutes sont souvent remplacées par d'autres espèces de feuillages et des animaux fantastiques.

Mais autant la colonne est lourde et nue quand elle sert de support, autant elle devient légère et ouvragée quand elle n'a d'autre objet que l'ornement.

Alors on voit son fût s'amincir au point de n'être plus qu'un léger fuseau ; se couvrir de rubans disposés par zones, en spirales, en treillis, en zigzag, etc. Son chapiteau et sa base se couvrent de sculptures originales représentant souvent des groupes animés entremêlés de feuillage.

De plus, les colonnes se doublent, se jumellent et se combinent de mille manières qui n'ont d'autres motifs que le caprice de l'architecte. On les voit souvent, comme sous les portails, disposées en grand nombre et en perspective, ou bien se développer en longues galeries horizontales, surmontées d'arcades simples ou entrelacées, sur le pourtour des façades. Sous les pignons, où cette dernière disposition se remarque assez souvent, la longueur des colonnes va en augmentant progressivement, afin de suivre leur inclinaison, etc.

Les entablements, lorsqu'on les emploie, ce qui est fort rare, rappellent parfois les formes du style gréco-romain ; mais les corniches offrent presque toujours une disposition très-caractéristique. Leur forme la plus ordinaire est celle de deux ou trois pierres carrées superposées en saillie l'une sur l'autre, et supportées par un système de petites arcades en plein cintre, simples ou entrelacées, en saillie sur le nu du mur, et dont les naissances reposent sur des corbeaux ou des chapiteaux de colonnes.

Cette même disposition se reproduit souvent en cordons horizontaux qui divisent la hauteur de l'édifice en plusieurs étages.

Les murs sont ordinairement renforcés par des contreforts plats et peu saillants, qui s'étendent avec une épaisseur et une saillie uniformes de la base au sommet de l'édifice. On remarque toujours des contreforts de cette espèce aux angles de l'édifice qui sont plus exposés que les autres parties à être détériorés par les chocs.

Les fenêtres sont quelquefois très-larges par rapport à leur hauteur ; d'autres fois, au contraire, tellement étroites qu'elles ressemblent à des meurtrières ; cependant, dans les cas les plus fréquents, leurs proportions se rapprochent de deux de hauteur pour un de largeur. Parfois elles sont *géminées*, c'est-à-dire réunies au nombre de deux sous une seule arcade commune, et séparées seulement par une simple colonnette ; l'arc qui les couvre est tantôt tout uni, et tantôt décoré d'une archivolte dont les moulures sont elles-mêmes ornées de chevrons, de zigzags, de méandres, de losanges, d'étoiles, de torsades, d'entrelacs ou d'autres dessins.

La génératrice de la voûte et de l'arcade est le plus souvent le plein cintre, mais on la voit cependant, comme dans l'architecture byzantine, prendre, dans les arcades, tantôt la forme d'un fer à cheval ou d'un trèfle, tantôt celle d'une anse de panier plus ou moins correcte. Parfois elle offre encore la forme de deux droites inclinées l'une vers l'autre sous un angle très-obtus et dont le pied est arrondi en courbe pour se raccorder avec les jambages. Enfin on la voit passer, par des gradations insensibles, à la forme ogivale qui va caractériser le style subséquent.

Rarement les églises appartenant au style romano-byzantin sont couvertes de mosaïques; mais l'on remarque très-souvent, dans la construction de leurs murailles et de leurs voûtes, des combinaisons de briques et de pierres diversement colorées et formant des compartiments et des dessins qui ne manquent ni de bon goût ni d'originalité.

Enfin nous citerons comme l'un des traits les plus saillants de cette architecture, la profusion de sculptures répandue dans toutes les parties de l'édifice ; c'est à tel point, dit un auteur [1], qu'en s'arrêtant devant les portiques ou les autres parties de quelques églises de ce style, on les prendrait plutôt pour des monceaux de statues que pour des subdivisions architectoniques ornées seulement de sculptures.

Cette particularité est caractéristique, parce qu'on n'observe rien de semblable ni dans les édifices du style roman ni dans ceux du style byzantin. Les Occidentaux de la période romane étaient trop barbares, trop peu versés dans la culture des beaux-arts pour pouvoir entreprendre et mener à fin des œuvres de cette espèce, et les Orientaux iconoclastes repoussaient les statues de leurs temples, comme des objets d'une idolâtrie indigne de chrétiens.

Il serait bien difficile, on le conçoit sans peine, d'assigner des motifs particuliers à l'adoption de quelques-unes des dispositions que nous avons décrites en dernier lieu. Le progrès des arts seul les explique. Au fur et à mesure que les difficultés du travail de la matière s'aplanissent, l'architecte peut donner plus d'essor à son caprice ou à son génie. Des formes nouvelles naissent, se développent et se perfectionnent à chaque nouveau progrès que l'on réalise dans cette voie.

Mais ces progrès eux-mêmes ne s'accomplissent pas en un jour, il leur faut souvent des siècles pour atteindre leur dernière limite. C'est ce qui eut lieu à l'époque dont nous parlons. Dans le principe, les promoteurs du style romano-byzantin ne trouvèrent, comme interprètes de leurs conceptions, que des ouvriers barbares et inexpérimentés, et leurs œuvres s'en ressentirent; mais petit à petit on apprit à tailler la pierre avec plus de perfection, à la découper suivant des formes exactes et géométriques : on commença à la

---

[1] HOPE, traduit par BARON, *Histoire de l'architecture*, p. 173.

ciseler, à la fouiller avec art ; de véritables artistes se formèrent qui purent reproduire, avec le ciseau et le maillet, toutes les formes de la nature morte ou animée, et alors, l'architecte, libre des entraves qui arrêtaient précédemment sa pensée, devinant même, par le progrès déjà réalisé, ce qu'on pouvait obtenir de l'industrie humaine en lui donnant une direction nouvelle, put réaliser mille conceptions que n'avaient même pu rêver ses devanciers.

C'est ainsi que l'on commença par diminuer l'épaisseur des murs et des voûtes, la lourdeur des colonnes ; que l'on réalisa toutes ces dispositions de colonnettes, d'arcades, de cordons et de corniches dont nous avons donné une idée, et finalement qu'on créa cette décoration statuaire qui donne à l'édifice ce caractère de luxe et de richesse dont l'ardeur religieuse de ceux qui l'érigeaient voulait revêtir la maison du maître de l'univers. Mais avant d'en arriver là, il avait fallu deux siècles de tâtonnements et d'essais. Les premières tentatives des architectes romano-byzantins datent de l'an mil et leurs plus brillantes conceptions sont rapportées au treizième siècle.

La voie était tracée, un pas de plus et l'architecture allait encore une fois briller comme aux plus beaux temps de la Grèce et de Rome, mais avec une parure nouvelle.

Le treizième siècle est considéré comme l'époque de la naissance du style *ogival* ou *gothique*. Nous allons tâcher de montrer comment naquit et se développa ce nouveau style architectural, en nous attachant spécialement à faire ressortir les motifs des principales différences d'avec le style précédent dont il est un dérivé immédiat.

L'architecture romano-byzantine avait pris naissance dans les plaines de la Lombardie; aucun motif ne militait, par conséquent, pour sortir des errements adoptés sous le ciel heureux de la Grèce et de Rome, quant à la couverture des édifices. Aussi remarque-t-on dans la plupart des églises de ce style le peu d'inclinaison des versants du comble. Mais en s'avançant dans les contrées plus septentrionales, l'intempérie du climat força peu à peu à les roidir davantage. L'ardoise ou la tuile, matériaux de couverture les plus employés, ne garantissaient pas suffisamment les charpentes de l'humidité sous des pentes aussi faibles. On avait remarqué que pendant les pluies fines et brumeuses si fréquentes dans nos climats, l'eau remontant entre les doubles surfaces de contact de ces matériaux, venait mouiller la charpente et hâter sa destruction, bien qu'elle fût dérobée à l'action directe de la pluie. On avait observé que les toits plats étaient bien plus sujets que ceux dont l'inclinaison est roide, à subir de fortes avaries par l'effet des ouragans qui désolent parfois nos cités[1]. Enfin on avait remarqué que la neige séjournait plus longtemps sur des surfaces peu inclinées que sur celles dont l'inclinaison est forte; qu'elle surchargeait alors les charpentes d'un poids bien plus considérable, propre à en fatiguer les assemblages et à les ruiner en peu de temps[2]. Toutes ces observations eurent pour résultat de faire augmenter progressivement l'inclinaison des versants du comble, au point que bientôt au lieu de compter l'angle de 25° à partir de l'horizon, ce fut à partir de la verticale qu'on le mesura.

Une fois cette donnée admise comme le résultat d'une nécessité, beaucoup d'autres durent se modifier en conséquence.

Le demi-cercle s'harmonisait mal avec ces angles pointus; il fallut le remplacer par une courbe pointue elle-même; et de là l'emploi exclusif de l'ogive qui jusqu'alors n'avait été qu'exceptionnel.

Cette forme nouvelle donnée à la voûte amena à son tour d'autres changements et d'autres progrès. Les architectes ne tardèrent pas à remarquer que la voûte en ogive jouissait de la précieuse propriété d'exercer contre ses appuis une poussée bien moindre que la voûte en plein cintre. Dès lors ils aperçurent la possibilité de réduire l'épaisseur des principaux points d'appui de l'édifice et de leur donner une légèreté qu'on n'avait même pas soupçonnée précédemment. Ils comprirent, de plus, tout le parti qu'on pouvait tirer, pour l'effet, d'une extrême légèreté alliée à toute la solidité désirable, et tous leurs efforts tendirent à en atteindre la dernière limite.

Les architectes romano-byzantins avaient déjà vu la possibilité de réduire l'étendue des points d'appui en substituant la voûte d'arête à la voûte cylindrique; les Gothiques adoptèrent cette disposition avec empressement comme concourant éminemment à leur but, mais ils la complétèrent en substituant l'arc

---

[1] Cela est facile à concevoir. Le vent est une force horizontale qui, rencontrant la surface inclinée du toit, se décompose. Une composante agit perpendiculairement à la surface du toit et ne fait qu'affermir les ardoises sur la volige; mais l'autre agit de bas en haut, dans le sens de la pente, et tend à arracher les ardoises de leurs clous en s'introduisant entre les surfaces de contact. Or cette dernière composante, qui est proportionnelle au cosinus de l'angle d'inclinaison de la surface avec l'horizon, augmente en même temps que cet angle diminue.

[2] Cela se conçoit également sans difficulté. Le poids d'une couche de neige est une force verticale qui se décompose, encore une fois, dans le sens de la pente du toit et dans le sens perpendiculaire à cette pente. Cette dernière composante, qui tend seule à faire fléchir les fermes, est encore une fois proportionnelle au cosinus de l'angle d'inclinaison.

ogif avec tous ses avantages, à l'arc plein cintre, dont on avait fait usage avant eux.

Le progrès ne s'arrêta pas là.

Une fois lancé dans cette voie on chercha d'autres moyens d'aller encore plus loin.

On avait dû remarquer que la poussée des voûtes tendait à renverser les points d'appui en les faisant tourner, du dedans au dehors, autour de l'arête extérieure de leur base. Pendant longtemps on n'avait trouvé d'autre moyen de s'opposer à cet effet qu'en augmentant l'épaisseur en même temps que le poids des pieds-droits. Dans les premiers temps du style romano-byzantin, cette épaisseur était uniforme ; plus tard on imagina de la renforcer, de distance en distance et principalement au droit des retombées des voûtes, par des contre-forts saillants sur la face extérieure. C'était déjà un premier progrès. Bientôt on remarqua, sans doute, que la stabilité du point d'appui dépendait non-seulement de son poids, mais encore du bras de levier avec lequel il agit par rapport à l'arête de rotation. L'on fut conduit, de cette façon, à rechercher des dispositions propres à augmenter, autant que possible, la distance du centre de gravité de la masse à cette arête de rotation ; et l'on y parvint en séparant le contre-fort du mur, mais en l'y rattachant par des arcs rampants appelés, non sans raison, *arcs-boutants* ou *éperons volants*. Cette combinaison, l'une des plus ingénieuses, sans contredit, inventée par les architectes, changea tout l'aspect extérieur de l'édifice. Elle en accidenta les lignes d'une manière heureuse, et créa une sorte de décoration originale et grandiose, qui donne aux édifices gothiques un aspect fier et aérien [1] qu'on rechercherait en vain dans les murs plats et uniformes de nos constructions modernes.

Enfin l'on ajouta encore quelque chose à la stabilité de cet ensemble, en chargeant l'extrémité des contre-forts de pyramides élancées, appelées *clochetons*, qui contribuent aussi, pour leur part, à varier et à accidenter les lignes ainsi que nous venons de le dire.

Tels furent les changements radicaux apportés par les architectes gothiques aux inventions de leurs prédécesseurs. Mais à des hommes doués d'un tel génie, il ne suffisait pas d'avoir réalisé le plus grand progrès qu'ait fait l'architecture depuis l'antiquité la plus reculée, ils complétèrent leur œuvre par une foule de dispositions secondaires qui harmonisèrent, avec l'ensemble, jusqu'aux moindres détails de l'édifice.

Les architectes gothiques tâchaient, comme nous l'avons déjà dit, de réaliser

---

[1] *Quelque chose de fier et d'aérien* dans le manuscrit.

deux choses : ils voulaient que leurs églises offrissent une extrême légèreté jointe à toute la solidité désirable, et en outre que toutes leurs parties fussent soustraites, autant que possible, à l'action destructive de l'intempérie du climat.

La première détermina en partie l'emploi de l'arc ogif et amena l'invention des contre-forts détachés, des arcs-boutants et des clochetons. Mais après avoir atteint ainsi les limites du possible avec les moyens dont ils disposaient, ils voulurent encore ajouter, à la hardiesse très-réelle de leurs constructions, toutes les ressources des effets optiques tendant à la faire paraître plus grande encore. Ainsi, pour faire paraître plus légers les principaux points d'appui de l'édifice, ils les composèrent, non plus d'un prisme ou d'un cylindre unique, mais ils leur donnèrent l'apparence d'un faisceau de prismes ou de colonnettes, et bientôt d'un assemblage de nervures qui, partant du sol, allaient se perdre sous les voûtes d'arêtes. Ils ornèrent toutes les intersections de ces voûtes de nervures saillantes qui les surélevaient par le même effet optique que celui dû aux poutres apparentes dans les plafonds *à l'italienne* [1]. Ils firent toutes les ouvertures étroites, par rapport à leur hauteur, non-seulement celles des fenêtres qu'on subdivisa par des meneaux légers, mais encore celles des nefs elles-mêmes. Ils ménagèrent la distribution intérieure de la lumière, de façon à n'éclairer que faiblement certaines parties des voûtes dont le sommet se perdait ainsi dans le vague.

En un mot, tous les moindres détails furent disposés pour concourir à l'effet qu'ils voulaient produire aussi bien à l'extérieur qu'à l'intérieur.

Pour soustraire les diverses parties de l'édifice sacré à l'action destructive des intempéries, on donna d'abord aux versants des toits une inclinaison fort roide. C'était la partie la plus exposée et la plus importante, puisque de sa conservation dépend celle des parties sous-jacentes. Mais ce n'était pas assez, on chercha à y soustraire, autant que possible, les murs eux-mêmes.

On avait dû remarquer que les corniches, les cordons, et toutes les chaînes horizontales en saillie sur le nu du mur, étaient autant d'obstacles au libre écoulement de l'eau des pluies et de la neige; qu'ils formaient de véritables réceptacles où l'eau se rassemblait pour ruisseler vers les parties les plus basses et y former des gouttières qui attaquaient les mortiers et hâtaient la désorganisation des maçonneries : on les supprima totalement; et quand on dut nécessairement interrompre, suivant des droites horizontales (ou à peu près),

---

[1] Dans le manuscrit : *que les poutres apuarentes semblent donner plus de hauteur aux plafonds à l'italienne.*

la continuité des parements, on eut soin de recouvrir les interruptions par des tablettes en pierre, dont la face supérieure était taillée en pente, offrant la même inclinaison que celle du toit. Cela s'observe invariablement aux seuils des fenêtres, des balustrades, aux larmiers des archivoltes, aux pierres de couronnement des contre-forts, etc. La plupart des moulures même sont taillées de manière à faciliter, autant que possible, l'écoulement et l'égouttement de l'eau, et c'est, à notre avis, ce qui leur donne surtout ce cachet d'originalité qui les distingue des autres. Les subdivisions horizontales des murs étaient bien plutôt marquées par des retraites que par des saillies, et ces retraites étaient recouvertes par des pierres taillées en pente comme celles mentionnées plus haut. En définitive, on ne laissa subsister de saillies bien prononcées sur le mur que celles qui se développaient verticalement, parce qu'elles n'offraient pas l'inconvénient signalé à l'égard des autres.

Ces dispositions si simples, si naturelles, si bien indiquées par les causes destructives auxquelles il fallait se soustraire, eurent encore pour résultat d'harmoniser l'ensemble autant qu'il était possible de le faire [1].

Peut-on s'étonner, après s'être ainsi rendu compte de toutes les modifications, de tous les changements imaginés par les architectes gothiques, que leurs œuvres aient toujours produit, même sur leurs détracteurs, ce sentiment de satisfaction qu'ils ne peuvent [2] s'expliquer, mais qui résulte uniquement de l'observance scrupuleuse des convenances utiles?

Nous pensons qu'il serait superflu, pour l'objet que nous avons en vue, d'indiquer tous les changements de détail, d'ailleurs fort connus, que subit l'architecture ogivale dans l'espace [3] du treizième au seizième siècle. Ce que nous avons dit doit suffire. Nous croyons en effet avoir montré, aussi claire-

---

[1] Nous pensons que c'est principalement à l'inobservance de ces dispositions qu'on doit attribuer le disgracieux effet des toits qui se développent parallèlement aux façades modernes; effet qui est tellement reconnu que les efforts des architectes tendent sans cesse à les dérober à la vue, soit par des attiques élevés, soit par une forte saillie des corniches, soit encore en les surbaissant dans des proportions que la prudence commande d'éviter. Le même effet ne se remarque pas dans les édifices gothiques, qui offrent pourtant des toitures bien autrement élevées que les nôtres; et cela provient, en majeure partie, pensons-nous, de ce que, dans ces édifices, l'inclinaison de la surface du toit se trouve répétée jusqu'à terre par les seuils des fenêtres, les cordons et les saillies des contre-forts, tandis que, dans les constructions modernes, elle jure nécessairement avec les faces horizontales de toutes ces mêmes pièces.

[2] *Pouvaient* au manuscrit.

[3] *Le courant* au manuscrit.

ment qu'il était possible de le faire, les véritables causes de son développement et de son adoption générale dans nos contrées où elle prit naissance et au climat desquelles elle était si admirablement appropriée. Nous ajouterons seulement que, stimulés par une foi aussi vive que sincère, les architectes gothiques, maîtres [1] de toutes les difficultés de l'art de bâtir qui avaient dû arrêter plus d'une fois leurs devanciers, élargirent et portèrent à leur dernier degré de magnificence toutes les parties de la cathédrale romano-byzantine.

Ainsi ils allongèrent encore l'abside et le transcept, doublèrent et triplèrent même les bas-côtés, portèrent les dimensions des fenêtres à une grandeur qui n'eut d'autre limite que la distance entre les points d'appui des voûtes dans un sens, le sol et le sommet de ces mêmes voûtes dans l'autre. Ils surélevèrent les coupoles et les clochers, auxquels ils donnèrent une légèreté féerique, en même temps qu'une hauteur prodigieuse et qui annonce au loin l'édifice sacré. Enfin, ils portèrent l'ornementation extérieure au point de faire disparaître littéralement la nudité des murs sous une robe de moulures et de sculptures. En un mot, ils firent de la cathédrale gothique un ensemble empreint de grandeur, d'harmonie et de mystère, qui laisse bien loin derrière lui, on peut l'avancer hardiment, les constructions les plus fastueuses des temps modernes.

L'architecture gothique fut florissante jusque vers le milieu du seizième siècle; mais à cette époque elle fut tout à fait délaissée. Les architectes italiens venaient de remettre en honneur les formes si longtemps oubliées de l'architecture gréco-romaine; et bientôt, saisis par un esprit d'imitation irréfléchi, par une sorte de vertige, les Français s'élancèrent à corps perdu sur leurs traces. Ils ne trouvèrent malheureusement que trop d'imitateurs [2].

Quelles furent les causes de ce revirement subit? C'est ce qui est encore controversé à l'heure qu'il est.

« Cet abandon complet, dit Hope [3], ce dédain superbe du style ogival auparavant si admiré et perfectionné avec tant d'amour, cette soudaine et générale volte-face vers les formes si opposées de l'ancienne architecture, ont été attribuées, par l'imagination de quelques théoriciens, à un ravirement du goût antique produit par la découverte accidentelle de certains chefs-d'œuvre de l'ancienne littérature dans la poussière des bibliothèques monastiques et de l'ancienne sculpture sous le terrain d'alluvion de Rome moderne.

« D'autres, plus rationnels, les ont considérés comme l'accompagnement et

---

[1] *Une fois maîtres* au manuscrit.
[2] Il y avait dans le manuscrit : *Et bientôt ils trouvèrent partout des imitateurs*.
[3] *Histoire de l'architecture*, p. 457.

« la conséquence nécessaires de la réaction générale en faveur de la littérature
« et des beaux-arts des anciens à l'époque où l'Italie commença à secouer l'igno-
« rance et l'apathie qui avaient pesé sur l'Europe entière pendant tant de siè-
« cles. On a fait entrer dans les éléments de cette explication la conquête de
« Constantinople par les Turcs, en 1453, après laquelle tant de Grecs furent
« forcés à s'expatrier et répandirent dans l'Europe latine ces trésors de l'anti-
« quité dont on leur attribuait exclusivement la conservation. »

Tout en reconnaissant que ces causes peuvent bien avoir eu une certaine influence, Hope les regarde pourtant comme incapables d'avoir produit une révolution aussi rapide et aussi complète. Pour lui la cause véritable, prépondérante du retour aux formes de l'antiquité, c'est la chute de la franc-maçonnerie.

« Cette corporation, dit-il [1], composée d'un grand nombre de sociétés
« subalternes, toutes unies entre elles et dispersées partout, était seule initiée
« dans les secrets de la pression et du contre-poids, de l'action et de la réaction
« des arcs les plus compliqués, connaissance si essentielle aux constructions
« ogivales et en même temps si difficile que Wren lui-même avouait son inca-
« pacité à en comprendre tous les mystères. Les francs-maçons ne communi-
« quèrent jamais leurs secrets à personne; ils les gardèrent aussi fidèlement
« après leur dispersion que pendant les diverses périodes de leur existence;
« et comme l'art de bâtir tout entier passa, des mains de ces maîtres habiles,
« dans celles de simples apprentis qui n'avaient point fréquenté les écoles et
« qui reculaient devant la hardiesse aventureuse de leur dessin, l'architecture
« dut faire un pas rétrograde et descendre des hauteurs de ce système com-
« plexe et scientifique, à un style plus simple dans ses principes et plus facile
« dans l'exécution.

« L'enthousiasme universel pour l'antiquité, et le désir de l'imiter dans tous
« les arts présentèrent, à cette nouvelle école d'architectes inhabiles, les moyens
« de cacher leur ignorance et l'abandon forcé du style ogival sous une préfé-
« rence affectée pour l'art ancien. Ce fut un masque qu'ils prirent avec empres-
« sement. Ceux qui avaient le mot d'ordre crièrent que l'architecture ancienne
« était la seule qui méritât d'être imitée; l'autre ne fut qu'une œuvre de barba-
« rie, et dès lors échouèrent toutes les tentatives pour la faire revivre. Elle
« reçut, ainsi que le style lombard qui l'avait précédée, l'épithète de *gothique*,
« non point qu'on la considérât comme l'ouvrage des Goths, mais parce que
« ce mot était synonyme de barbare. »

[1] Page 470.

Sans doute, comme toutes les autres causes que Hope répudie en grande partie, mais auxquelles nous pensons néanmoins qu'il faut attribuer une incontestable influence, la dispersion des francs-maçons peut entrer en ligne de compte parmi [1] celles qui amenèrent la transformation que l'architecture subit au seizième siècle ; mais nous ne saurions lui attribuer la même importance que l'auteur que nous citons. Quand on voit, dès le quinzième siècle [2] Brunelleschi, (qu'on regarde comme le premier architecte qui revint aux formes antiques), ériger *sans cintres* la coupole de Sainte-Marie-des-Fleurs ; quand on voit le dôme de Saint-Pierre sortir des mains de Bramante et de Michel-Ange lorsqu'en Belgique le gothique érigeait ses plus belles constructions [3], on peut certainement douter que l'impéritie des architectes non initiés aux secrets de la franc-maçonnerie fût la cause efficiente de ce revirement.

Cette cause fut, comme nous allons tâcher de le montrer, le résultat du progrès des arts en Italie et d'un engouement irréfléchi en deçà des Alpes.

Nous ferons observer d'abord que nous ne saurions admettre la critique que Hope fait du retour aux formes antiques d'une manière aussi générale que lui. Cette question a évidemment deux faces, sous chacune desquelles elle doit être envisagée. Si, ce que nous concédons volontiers, le retour aux formes romaines fut une erreur chez nous ; s'il y fit faire à l'art un pas véritablement rétrograde, peut-on dire qu'il en fut de même dans le pays qui fut le premier à le remettre en honneur? Si l'on peut blâmer l'imitation maladroite d'une invention utile, est-on en droit, pour cela, de blâmer l'invention elle-même.

Poser ainsi cette question c'est la résoudre. En effet, pour apprécier avec quelque justesse le mérite d'une innovation en architecture, il faut nécessairement se placer au point de vue des convenances utiles. Or, si l'on considère celles qui dépendent de la nature du climat (qu'il faut sans doute placer au premier rang), on concevra sans peine pourquoi, si l'on peut louer ici les formes agitées et pointues de l'architecture gothique, l'on peut aussi regarder comme exemptes de critique les formes calmes et obtuses du style gréco-romain sous le ciel de l'Italie. Ces formes ont par elles-mêmes assez de mérite pour être préférées aux autres quand le climat permet de les employer sans inconvénient.

[1] *Dans* au manuscrit.
[2] Les travaux de la cathédrale de Florence, commencés en 1288 par Arnolphe, furent suspendus après sa mort, qui arriva en 1300, jusqu'en 1420, époque à laquelle ils furent repris par Brunelleschi, qui fit élever la coupole. (Voyez Rondelet, *Art de bâtir*, t. IV, p. 384.)
[3] Notre-Dame d'Anvers fut achevée en 1588; le dôme de Saint-Pierre en 1590.

Nous admettons donc que le retour au style antique fut pour l'Italie un progrès aussi réel que l'invention du gothique le fut pour nos contrées [1]. Les efforts des architectes lombards, qui y avaient si brillamment préludé quelques siècles auparavant, en eussent sans doute amené plus tôt la réalisation, si tout à coup ils ne s'étaient trouvés arrêtés dans leur élan par l'enthousiasme général qu'excitèrent, comme tout ce qui est nouveau, les nouveautés gothiques. Peut-être aussi pourrait-on mettre au nombre des causes de ce temps d'arrêt, ces règles fixes et immuables des corporations qui acquirent seules, vers cette époque, le droit de *loger le bon Dieu*, et dont les chefs avaient puisé les motifs sous un autre ciel. Ce qu'il y a de certain, c'est que les Italiens n'adoptèrent que fort tard les formes gothiques, et qu'entre leurs mains elles prirent presque toujours un caractère bâtard qui les rend faciles à reconnaître. Ils semblent n'avoir adopté ces formes qu'à regret et sans les comprendre, poussés sans doute à bout par la faveur dont elles jouissaient dans presque toute la chrétienté.

Mais quand enfin le goût des beaux-arts se réveilla, quand le raisonnement, vivifiant l'art architectural comme tous les autres, vint discuter le mérite de règles, de traditions et de formes aveuglément suivies, parce qu'elles avaient pour elles l'autorité du maître ou l'engouement de la mode; ils s'aperçurent qu'ils étaient engagés dans une fausse voie [2].

Que fallait-il de plus alors pour produire une révolution rapide et complète, que la vue de ces ruines imposantes qui couvraient le sol? Les obstacles qui avaient arrêté les Lombards n'existaient plus maintenant; on avait appris, en faisant du gothique, à vaincre toutes les difficultés du travail de la pierre; on avait saisi enfin le secret des constructions grandes, légères et hardies. Il suffisait donc de montrer le but pour qu'il fût atteint aussitôt.

Voilà ce qui explique, suivant nous, ce changement de style pour ainsi dire instantané qui se communiqua, au seizième siècle, d'un bout à l'autre de l'Italie et qu'on y considéra, à juste titre, comme un des résultats les plus marqués et les plus importants de la renaissance des arts.

Bientôt traversant les Alpes, la renommée des innovations italiennes se

---

[1] On pourrait seulement reprocher aux architectes italiens de s'être faits *copistes* au lieu d'être novateurs, ce qui leur eût été facile en utilisant les grandes découvertes des Byzantins et des Gothiques.

[2] On voit qu'à notre point de vue la suppression des corporations maçonniques aurait été, en Italie, une cause de progrès plutôt que de décadence, ainsi que l'admet l'auteur dont nous discutons les opinions.

répandit dans les contrées voisines. Séduits par l'attrait de la nouveauté, oubliant les vrais principes et les saines traditions du passé, qui les avaient dotés, avant leurs émules, d'une architecture entièrement perfectionnée et appropriée à leur climat, les Français d'abord, puis les Anglais, les Belges et les Allemands, mirent toute leur gloire à copier plus ou moins servilement les compositions italiennes. Ce fut là une faute énorme qu'ils commirent. Ils firent ainsi rétrograder l'art architectural à un point dont il n'a pu revenir depuis ; mais nous ne saurions lui assigner, comme motif, ni l'incapacité des architectes, ni la perte de prétendus secrets.

On retrouve dans trop de monuments de cette époque des combinaisons aussi savantes, aussi hardies et aussi compliquées que dans ceux de l'époque antérieure, pour qu'une semblable assertion puisse résister à un examen sérieux. Ce qui explique comment les architectes français, anglais, allemands et belges se fourvoyèrent, c'est la même cause[1] qui explique comment, deux siècles plus tôt, les Italiens étaient sortis de la bonne voie. C'est la mode, l'engouement irréfléchi du public pour les nouveautés, à l'influence desquels les architectes ne savent malheureusement pas se soustraire.

Du reste, on sentit en France, comme on l'avait senti deux siècles auparavant en Italie, que le nouveau style s'ajustait mal aux exigences du climat ; car le résultat de son imitation fut, dans les premiers temps, la création d'un style bâtard qu'on pourrait définir : *le gothique en habit italien,* et qui a suffisamment d'originalité pour constituer un type à part, qu'on désigne sous le nom de *style renaissance.*

Ce qui distingue en effet le style renaissance du gothique, c'est l'emploi, mais comme ornement surtout, de colonnes et de pilastres taillés dans les proportions antiques, d'entablements, de frontons, et en un mot de tous les éléments du style gréco-romain; c'est le caractère tout particulier des sculptures et des bas-reliefs qui ornent les frises, les chapiteaux, les caissons, les médaillons ; c'est enfin la substitution du plein cintre à l'ogive. Mais on y retrouve les combles aigus, les seuils, les cordons et la plupart des amortissements taillés en chanfrein et inclinés vers le sol pour faciliter l'écoulement des eaux ; les éperons volants, les nervures saillantes, les vastes fenêtres, divisées par des meneaux chargés d'entrelacs capricieux, etc., etc., etc.

Malheureusement la combinaison des formes de deux architectures si différentes dans leurs bases essentielles offrait souvent un défaut d'harmonie assez choquant qu'on chercha à faire disparaître. Mais au lieu de reconnaître (qu'on

---

[1] *Chose* au manuscrit.

nous passe la comparaison) que c'était l'habit nouveau qui allait mal au corps, et de l'abandonner bien vite pour reprendre l'ancien, on fit précisément le contraire. Cet habit devint un véritable lit de Procuste. On se mit à mutiler le corps gothique à tort et à travers, sans nul égard pour les motifs auxquels il devait sa forme, et, bon gré mal gré, on le fit italien comme l'habit dont on l'avait revêtu. C'est ainsi que, petit à petit, les combles s'affaissèrent et que les saillies horizontales, si contraires à notre climat, reprirent une prédominance qu'elles avaient totalement perdue depuis longtemps.

C'est à ce dernier caractère surtout qu'on reconnaîtra l'architecture de notre siècle. On peut y joindre une froideur, une monotonie et une pauvreté de conception désespérantes, qu'on exalta pendant longtemps comme de la simplicité antique, mais qu'on commence aujourd'hui à apprécier à leur juste valeur.

Toutefois avant d'en arriver là, le style antique eut à subir encore une transformation assez importante pour qu'il en soit fait ici mention. Sous la régence et pendant le règne de Louis XV, on se prit à le trouver trop simple et trop nu, et pour lui enlever ce défaut, on se mit à en torturer les formes au point de les rendre bientôt méconnaissables. On torsa les colonnes, on les composa de tambours d'inégales grosseurs et de formes différentes; on courba, on brisa, on étagea les frontons; l'ellipse, l'anse de panier, les arcs de cercle, les courbes les plus incorrectes et les plus grimaçantes firent encore une fois disparaître le plein cintre; tout enfin, jusqu'aux moindres détails, prit une forme tourmentée, indécise et rocailleuse, qui peut ne pas déplaire dans le boudoir d'une courtisane, mais qui est certainement déplacée dans la maison de Dieu [1].

Toutes ces excentricités n'eurent du reste qu'une courte durée. Ceux qui les avaient inventées [2] furent les premiers à en sentir le ridicule et à les abandonner.

Il nous reste, pour terminer ce chapitre, à dire un mot du plan des églises érigées postérieurement au seizième siècle. Les plus somptueuses offrent la forme d'une croix grecque ou d'une croix latine, dont le centre est occupé, comme dans le temple byzantin, par un dôme porté sur des pendentifs. D'autres affectent plus ou moins la forme basilicale; mais loin d'être, comme la basilique primitive, d'une simplicité sévère et chrétienne, elles sont le plus souvent

---

[1] *C'était encore là une imitation italienne. On copiait alors toutes les extravagances de Barromini.*

[2] *Ou plutôt importées.*

surchargées d'une décoration toute mondaine qui les fait plus ressembler à des salles destinées au plaisir qu'à la prière et à la méditation. Enfin l'une des plus renommées [1] présente à l'intérieur comme à l'extérieur la forme exacte d'un temple païen.

Si l'on nous demande maintenant pourquoi la croix grecque et la cella romaine sont venues, en quelques lieux, se substituer sans opposition à une forme que la tradition avait rendue sacramentelle dans tout l'Occident, nous répondrons que cela est dû à cette indifférence religieuse qui nous fait regarder, comme des futilités, les symboles mystiques de croyances qui s'en vont, et de vieilles antipathies dont on se souvient à peine.

CHAPITRE II.

Discussion du style le plus convenable aux églises de la Belgique, eu égard au climat, aux ressources du pays, au progrès de l'industrie et au minimum de dépense.

Nous venons de tracer une esquisse rapide, mais fidèle, des principales phases de l'art architectural. Nous avons fait voir comment un style parfaitement approprié à notre climat, se prêtant à merveille à l'effet religieux, avait pris naissance et s'était développé dans le cours du moyen âge; et comment, tout à coup, il avait disparu pour faire place à un style exotique, encore mal compris peut-être quant à son application aux églises chrétiennes.

Après avoir épuisé, dans la composition de celles-ci, toutes les combinaisons de colonnes, d'arcades, de frontons, et, en un mot, des éléments peu nombreux d'une architecture dont le caractère essentiel est la simplicité; après avoir exagéré l'emploi de ces éléments, leur avoir fait subir les caprices d'une imagination en délire et les avoir ramenés à leur état de simplicité native, on sentit enfin que tout cela était mal à l'aise sous notre ciel brumeux; que toutes ces combinaisons ne produisaient rien de cet effet mystérieux, religieux, chrétien, qu'on trouve dans les églises du moyen âge. La comparaison avec les [2] vieux types était décidément trop écrasante pour les églises modernes, pour ne pas amener une réaction. Après avoir été traitée de barbare

[1] La Madeleine à Paris.
[2] *Des* au manuscrit.

pendant trois siècles, l'architecture gothique trouva de chauds admirateurs qui osèrent la proclamer merveilleuse et nationale. Bientôt on vit surgir de tous cotés des prosélytes qui embrassèrent cette opinion avec ferveur ; on se remit à étudier les vieilles cathédrales, à les fouiller dans leurs recoins les plus obscurs ; et à la vue des innombrables beautés qu'elles renferment, de l'immense savoir qu'elles accusent, on se reprit pour elles du plus vif enthousiasme. C'est à tel point que, du train dont vont les choses, il est permis de prévoir qu'avant la fin de ce siècle, peut-être, on en sera revenu tout à fait aux formes qu'on abandonna jadis d'une manière si peu réfléchie.

Ce retour vers l'architecture gothique est-il, dans l'état actuel des choses, bien rationnel à son tour ?

Certaines conditions n'ont-elles pas changé depuis trois siècles ? L'expérience n'a-t-elle pas mis en évidence des faits propres à établir l'architecture nationale sur d'autres bases ? Ne se laisse-t-on pas aller encore une fois à l'engouement pour une nouveauté ? En un mot, parmi les différents styles qui ont précédé ou suivi le gothique, n'en est-il pas, bien décidément, qu'une discussion froide et dégagée de toute prévention, fasse reconnaître comme satisfaisant, mieux que lui, aux exigences du culte, à celles du climat et aux règles d'une sage économie ? Enfin, même en cas de négative, faut-il faire du gothique partout et toujours ?

Telles sont les questions qu'on est en droit de poser, et de la solution desquelles doit dépendre celle de la question proposée par l'Académie.

La parfaite convenance des églises gothiques à leur destination n'est contestée par personne. Tout le monde reconnaît qu'elles ont un véritable caractère religieux et qu'elles offrent une distribution des plus avantageuses, tant pour les cérémonies du culte, que pour la commodité des assistants. Mais, d'autre part, on reconnaît également que ces deux qualités se retrouvent à un tout aussi haut degré dans les églises romano-byzantines et même dans les basiliques. Elles ne sauraient donc, à elles seules, décider la question en leur faveur. Aussi les partisans du style gréco-romain prétendent-ils qu'il ne s'agit que de revenir à des dispositions plus simples et plus rationnelles, pour permettre aux églises bâties dans ce style de marcher de pair avec les autres sous ce double rapport. C'est une opinion que nous examinerons plus tard. Pour le moment nous ne nous arrêterons pas davantage à cette question, et nous aborderons immédiatement l'examen d'une autre qui doit avoir plus de poids dans la balance.

Nous avons dit à quelles causes l'architecture gothique devait son origine. Nous n'avons pas craint de placer en première ligne, d'accord en cela avec tous ceux qui s'en sont occupés, le besoin de mettre l'édifice à l'abri des effets destructeurs des pluies et des neiges si fréquentes dans nos contrées. Nous avons à examiner d'abord si les craintes qu'ils inspirèrent ne firent pas recourir à des précautions exagérées pour la Belgique, et s'il était bien indispensable, entre autres choses, de donner aux versants des toits cette roideur qui détermina tant de changements radicaux aux dispositions antérieures.

La plupart des auteurs qui ont traité la question de l'inclinaison à donner aux combles, et notamment Rondelet [1], le commandant du génie de Belmas [2] et le colonel Emy [3], s'accordent à reconnaître que cette inclinaison doit principalement dépendre de la nature des matériaux de couverture.

Pour porter un jugement sur cette question, nous avons à constater, avant d'aller plus loin, quels sont les matériaux de cette espèce que produit la Belgique. Le sol belge renferme des ardoisières ainsi que des mines de *zinc*, de *fer* et de *plomb* très-riches et d'excellente qualité. La Belgique possède en outre des fabriques de tuiles nombreuses et très-importantes.

L'ardoise est surtout très-abondante dans la province de Luxembourg. Les ardoisières d'Herbeumont, de la Géripont et de Viel-Salm sont aussi remarquables par le grand développement qu'elles ont pris depuis quelques années que par la qualité des produits qu'elles livrent à la consommation. Les provinces de Namur et du Hainaut possèdent également, à leur jonction avec le territoire français, quelques ardoisières qui n'ont pas l'importance des premières, mais qui pourront peut-être un jour rivaliser avec elles [4].

La tuile se fabrique sur une vaste échelle dans plusieurs localités; mais les tuileries de Boom et de Niel, sur les bords du Rupel, sont, sans contredit, les

---

[1] *Art de bâtir*, sixième édition, t. III, p. 345.
[2] *Mémorial de l'officier du génie* (réimpression belge), t. III, p. 74 et suiv.
[3] *Traité de l'Art de la charpenterie* (réimpression belge), t. I, p. 451 et suiv.
[4] Il est présumable que la plupart de nos églises, bâties pendant le cours du moyen âge, ont été couvertes avec des ardoises provenant des carrières des bords de la Meuse qui font actuellement partie du territoire français, et dont l'exploitation remonte à une haute antiquité. Quoique l'ouverture de quelques-unes des ardoisières du Luxembourg paraisse remonter à une date assez ancienne, il n'est cependant pas présumable que leurs produits aient été employés à cette époque dans les autres provinces, à cause du mauvais état des chemins et des difficultés du transport. Les ardoisières qui paraissent avoir anciennement existé dans les environs de Gembloux (près de Namur) et de Steinkerke, près d'Enghien (Hainaut), étaient dans des conditions plus favorables sous ce rapport, et il n'est pas impossible que les ardoises qu'on y fabriquait aient été employées à couvrir quelques-uns de nos vieux édifices; mais ce sont là des faits qu'il est à peu près impossible d'éclaircir aujourd'hui.

plus importantes. Ces fabriques ne produisent plus actuellement que les tuiles en S, appelées *pannes* ou *tuiles flamandes*. La fabrication des tuiles plates, dont sont encore couvertes quelques vieilles constructions espagnoles de Bruxelles et de nos villes flamandes, est complétement abandonnée.

Le minerai de zinc s'exploite à la Vieille Montagne, sur la frontière de Prusse, et se traite dans plusieurs belles usines de la province de Liége. Nous citerons notamment celles de Chênée sur l'Ourthe et de Corphalie, près de Huy. Ces établissements fournissent le zinc en feuilles de diverses épaisseurs propres aux toitures.

Le minerai de fer est une des sources les plus importantes de la richesse industrielle de la Belgique. Traité dans une foule d'établissements sidérurgiques des provinces de Namur, de Liége, du Hainaut et de Luxembourg il sert à produire la fonte et la tôle dont on a fait, dans ces derniers temps, quelques essais à la couverture des édifices.

Enfin le minerai de plomb est assez abondamment répandu dans nos terrains antraxifère et ardoisier ; mais nous ne connaissons, jusqu'à présent, aucune usine où on le traite pour en extraire le plomb métallique. Presque tout le plomb que nous employons se tire d'Espagne et d'Angleterre.

De ces divers matériaux les gothiques n'ont employé que l'ardoise. La tuile ne leur paraissait sans doute pas une substance assez riche ou assez résistante pour l'employer aux constructions monumentales, et leur sentiment prévaut encore de nos jours. Le zinc en feuilles leur était inconnu[1] et l'application du fer à la couverture des édifices n'avait pas encore été tentée dans nos contrées.

Voyons d'abord si, partant de cette donnée unique, les gothiques ont eu raison de surélever leurs combles autant qu'ils l'ont fait. Nous verrons ultérieurement si, moins restreints dans le choix des matériaux, nous sommes encore obligés à suivre les mêmes errements.

Nous devons avouer que nous avons vainement cherché à trouver à cette question une solution rigoureuse, et la raison en est que les éléments nécessaires pour la résoudre font défaut.

En effet, non-seulement il faudrait pour cela, pouvoir comparer l'état dans lequel se trouvent aujourd'hui un grand nombre de combles diversement inclinés et construits depuis quelques siècles, mais il faudrait connaître encore quelles ont été les dépenses d'entretien exigées par chacun d'eux, depuis le temps de leur construction jusqu'aujourd'hui. Or le premier point de compa-

---

[1] Ce fut en 1745 seulement que Margraff, chimiste de Berlin, parvint à extraire le zinc de la calamine à un état de pureté assez grand pour pouvoir le laminer.

raison manque à peu près totalement, car il n'y a certainement pas un siècle que les toits surbaissés, c'est-à-dire dont la hauteur est moindre que la demi-portée, ont commencé à se produire dans nos constructions. Quant au second, les renseignements que l'on peut se procurer sont trop incomplets pour qu'on puisse en déduire quelque chose de positif. En effet, si l'on trouve des données sur l'entretien des toitures de quelques édifices importants, on ne trouve rien en revanche sur une foule de choses qui ont trop d'influence pourtant sur cette dépense, pour qu'on puisse en faire abstraction. Ainsi, le plus ou moins de soins apportés à la construction première, tant sous le rapport de la qualité des matériaux que de [1] leur mise en œuvre ; le plus ou moins de soins apportés à leur entretien à diverses époques, sous différents propriétaires ou sous diverses administrations ; les changements survenus dans le voisinage des constructions considérées et qui ont eu pour résultat de les abriter contre les vents dominants ou de les y exposer davantage ; les soins que l'on a pris de fermer les lucarnes pendant les bourrasques, et mille autres détails sur lesquels il est impossible d'obtenir autre chose que des indications vagues.

A défaut de cette solution directe et précise que nous avons tentée, mais que nous avons dû abandonner, nous ne pouvons rien faire de mieux que de citer les opinions des hommes les plus compétents.

Rondelet estime [2] que, dans le climat de Paris, l'ardoise ne convient pas pour la couverture de combles qui ont moins de 30 degrés d'inclinaison avec l'horizon ; mais dans un autre endroit [3] il ajoute que si, dans ce climat, l'on n'avait « égard qu'à la plus grande durée des matières qu'on emploie le plus commu-
« nément pour former les couvertures, il n'est pas douteux que les combles
« élevés en usage en France et dans les pays septentrionaux ne dussent obtenir
« la préférence sur les combles peu élevés de l'Italie. »

Ainsi, l'opinion de Rondelet paraît bien positivement favorable à une forte inclinaison, et s'il ne se prononce pas plus fortement à cet égard, c'est peut-être parce que, trop imbu des idées de son époque qui traitait encore de barbares les chefs-d'œuvre du moyen âge, il ne pouvait condamner en quelque sorte les formes qu'il préconisait, en déclarant que les matières qu'on emploie le plus communément pour former les couvertures, ne pouvaient s'y prêter sans de graves inconvénients.

---

[1] *Que des soins apportés à* au manuscrit.
[2] *Art de bâtir*, p. 356.
[3] *Idem*, p. 345.

Le commandant de Belmas exprime une opinion à peu près semblable [1] :
« Plusieurs constructeurs, dit-il, pensent que la moindre inclinaison qu'on
« puisse donner aux combles à deux égouts, couverts en ardoises, dans un
« climat pluvieux comme celui de Paris doit être du $\frac{1}{3}$ de la largeur ou de $33\frac{1}{2}$
« degrés. Le plus ordinairement on adopte celle de 45 degrés. Cependant les
« nefs de l'église de Sainte-Geneviève (Panthéon), qui sont couvertes en ardoi-
« ses, n'ont qu'une inclinaison de $26\frac{1}{2}$ degrés. Ce qui fait une pente au quart ;
« mais au lieu de lattis ou de voliges à claire-voie on a fait sous ces ardoises
« un plancher jointif à recouvrement qui garantit mieux la charpente. Dans
« les combles à la mansarde les parties supérieures n'ont quelquefois qu'une
« pente de 22 degrés, *mais le peu de durée de ces espèces de couverture compa-*
« *rée à celle des anciens combles montre les vices de ce mode de construction.* »

Le même auteur fait précéder ces lignes des considérations suivantes qui
sont parfaitement justes [2] :

« L'ardoise, par sa nature, est molle et spongieuse ; elle absorbe beaucoup
« d'eau et se décompose promptement si elle ne peut s'égoutter. Sous une forte
« inclinaison, au contraire, elle se dessèche lorsqu'elle a été mouillée par la
« pluie et elle durcit même à l'air comme la plupart des pierres. La durée de
« cette espèce de couverture dépend donc beaucoup de la pente sous laquelle
« elle est employée. C'est aussi cette raison qui a motivé principalement *en*
« *Flandre et en Belgique* les toits surhaussés, parce que l'usage de l'ardoise y
« est presque général par la proximité des ardoisières de Fumay, qui sont
« très-riches et de bonne qualité [3]. »

L'opinion de M. de Belmas est encore une fois favorable à l'inclinaison des
anciens combles, bien qu'il admette, pour Paris, l'inclinaison à 45°, comme
une limite en deçà de laquelle il ne convient pas de se tenir ; mais il ne rapporte
pourtant aucun fait qui prouve que cette pente soit aussi favorable à une longue
durée que celles de 60 et 75 degrés adoptées par les gothiques.

Le colonel Emy est encore peut-être plus explicite ; voici comment il s'exprime [4] :

« Plusieurs constructeurs ont pensé que la limite inférieure qu'on peut don-
« ner aux toits couverts en ardoises, sous un climat aussi pluvieux que celui

---

[1] *Mémorial de l'officier du génie*, t. III, p. 80.
[2] *Mémorial de l'officier du génie*, t. III, p. 79.
[3] Les ardoisières de Fumay sont situées sur la Meuse au-dessus de Givet ; elles ont pendant fort longtemps approvisionné presque exclusivement la Belgique. C'est avec des ardoises de cette localité que sont couvertes à peu près toutes les églises anciennes.
[4] *Art de la Charpenterie*, t. I, p. 455.

« de Paris, est de 33 ½ degrés, c'est-à-dire, une pente dont la hauteur est, à
« peu près les ⅔ de la base ; mais ils n'ont été probablement conduits à ce ré-
« sultat que par des considérations qui supposent le mouvement uniforme de
« l'eau et la simple capillarité dans les joints, abstraction faite des causes qui
« peuvent influer sur la durée des matériaux, sur celle des charpentes et sur
« leur stabilité.

« En recherchant les degrés d'inclinaison qui conviennent aux diverses
« espèces de couverture, d'après les matériaux dont on les compose et les
« moyens de l'art pour la conservation des combles, *on trouve des limites*
« *dont les pentes en usage s'écartent peu.*

« La durée de l'ardoise dépend en grande partie de la roideur des toits. Si
« la pente est trop douce, la capillarité retient beaucoup d'eau qui remonte
« entre les doubles surfaces des joints d'application ou de recouvrement. Les
« ardoises alors ne s'égouttent point et ne sèchent que fort lentement ; elles
« se détériorent en très-peu de temps. Ainsi sous ce rapport *plus la pente est*
« *rapide et mieux elle vaut.* D'un autre côté, la surface d'un toit décompose
« l'action du vent ; la partie de cette action qui agit en remontant la pente
« tend à refouler l'eau dans les joints, à soulever et même arracher les ardoises.
« Cette action est d'autant moins forte que le comble a plus de roideur sans
« dépasser cependant l'inclinaison sous laquelle la résistance des ardoises et
« celle des clous l'emportent sur celle du vent. Cette inclinaison n'est pas par-
« tout la même ; elle varie d'une contrée à une autre, comme l'intensité des
« vents les plus forts qui s'y font sentir ; elle ne peut être que le résultat de
« l'expérience, elle est contenue entre 33° et 45°, et c'est dans ces limites que
« sont les pentes des toits en usage à Paris et dans les départements voisins.
« Sur nos côtes occidentales qui sont à proximité des carrières d'Angers, lors-
« qu'on surbaisse les toits en ardoises pour rapprocher leur pente de celle
« usitée pour les tuiles creuses (27° avec l'horizon), il arrive fréquemment que
« le vent dépouille les pans de toit qui lui sont exposés. Une pente de 45° est
« celle qui paraît préférable. Dans les départements septentrionaux, dans ceux
« du nord-est et dans la *Belgique*, où les ardoisières voisines de la Meuse ont
« rendu l'usage des ardoises plus fréquent qu'ailleurs, et l'on pourrait même
« dire général [1], *la pente des toitures a été portée à* 60 *degrés*, par la crainte
« que sous une moindre inclinaison, la neige qui adhère aux couvertures en s'y

---

[1] Cela n'est général que pour les églises, car, pour les édifices particuliers, la tuile est d'un emploi même plus général que l'ardoise dans le Brabant et dans les provinces flamandes.

« amassant chargeât trop les combles, malgré les robustes équarrissages qu'on « donne aux bois de leurs charpentes. »

On voit que si le colonel Émy (d'accord avec Rondelet et de Belmas) considère comme étant la plus convenable, pour le climat de Paris, la pente à 45 degrés, il admet, d'un autre côté, que celle de 60 degrés n'a rien d'exagéré pour les villes des départements du Nord et de la Belgique. On peut même croire que de sa part cette opinion est le résultat d'observations raisonnées [1] si l'on rapproche le dernier passage souligné du premier.

Nous croyons inutile de rapporter l'opinion de M. Quatremère de Quincy, qui veut que l'inclinaison se règle d'après la latitude du lieu, parce qu'elle est évidemment trop arbitraire, et contredite dans une foule de cas par l'expérience [2].

Nous ne citerons pas davantage celles des architectes des dix-septième et dix-huitième siècles qui se sont occupés de cette question, parce que, travaillant à faire prévaloir les formes nouvelles, ils devaient nécessairement amoindrir les inconvénients de l'aplatissement des toits qu'il fallait bien harmoniser autant que possible avec les lignes de la nouvelle architecture. Observons toutefois que bien peu d'architectes de cette époque ont fait usage de combles moins inclinés que 45 degrés, si l'on en excepte les *brisis* des combles à la mansarde, et l'on sait quelle est l'opinion d'un des hommes les plus compétents [3] sur cette dernière disposition. Ce n'est guère que depuis une cinquantaine d'années qu'on a commencé à faire un certain usage de l'inclinaison à 33 ½ degrés, et l'expérience n'est pas assez longue pour qu'on ait pu bien en constater les inconvénients.

Ce qui paraît ressortir de tout ceci, c'est que l'on ne saurait positivement critiquer la forte inclinaison adoptée par les gothiques, bien que cependant il soit très-possible que l'inclinaison à 45 degrés soit suffisante pour parer aux effets destructeurs dus à la capillarité, aux vents, à la neige et à la nature spongieuse de l'ardoise.

En admettant qu'il en soit réellement ainsi, comme l'inclinaison de 45 degrés s'harmonise avec le plein cintre aussi bien que celle de 60 degrés avec l'ogive en tiers-point [4], il en résulterait que le motif principal invoqué par les

---

[1] *Précises* au manuscrit.

[2] Voir la critique de cette règle par le colonel Émy (*Traité de l'Art de la Charpenterie*, t. I, p. 453 et suiv.).

[3] Le commandant de Belmas, dans la citation faite précédemment.

[4] Cette opinion a peut-être besoin d'être justifiée, et voici sur quoi nous la basons : une des conditions les plus importantes à remplir pour obtenir l'harmonie des lignes, c'est

partisans du gothique ne serait pas suffisant pour le faire prévaloir exclusivement. Il y a plus, c'est que, comme la dépense nécessaire pour couvrir l'unité d'espace augmente avec la roideur des combles, on serait en droit de considérer la grande inclinaison adoptée par les gothiques comme une superfluité coûteuse que le retour au style gréco-romain aurait fait disparaître.

Mais avant d'adopter une telle conclusion, à laquelle on pourrait faire d'ailleurs bien des objections, il y a encore à examiner si l'emploi de la voûte ogivale, qui ne fut, comme nous l'avons fait voir, qu'une conséquence forcée de la forte inclinaison des combles, n'est pas venu, en tout état de cause, rétablir l'équilibre, et si, en définitive, l'architecture gothique, prise dans son ensemble, offre le même désavantage qu'on pourrait reprocher à l'une de ses parties considérée isolément. Si nous trouvons, par exemple, que le comble à 60 degrés et l'ogive en tiers-point donnent un résultat plus économique que le toit à 45 degrés et l'arc plein cintre, nous serons en droit de lui accorder une préférence pleinement justifiée.

Nous avons dit précédemment que l'emploi de la voûte ogivale avait permis de réduire considérablement l'épaisseur des pieds-droits et des points d'appui. Cette assertion était basée non-seulement sur des considérations théoriques qu'il serait superflu de développer ici, mais encore et principalement sur les résultats d'observations précises faites par Rondelet et consignées par lui dans

que toutes celles qui courent dans un même sens soient parfaitement parallèles. Ainsi les lignes ab, bc, $a'b'$, $b'c'$ (fig. 1), s'harmonisent entre elles, parce qu'elles sont parallèles, tandis que les lignes de, ef, $d'e'$, $e'f'$ (fig. 2) sont en désaccord, parce que ce parallélisme n'est pas observé; de même nous pensons qu'il y a accord entre l'ogive ou tiers-point et l'angle de 60 degrés (fig. 3), parce que les cordes $g'h'$, $h'i'$, qu'on peut inscrire dans l'ogive, sont parallèles aux côtés gh, hi de l'angle de 60 degrés;

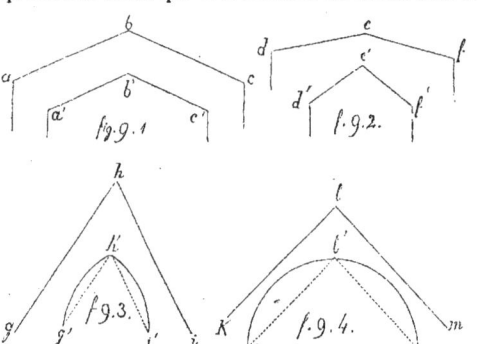

et que le même accord existe entre l'angle de 45 degrés et le plein cintre, parce que les cordes $k'l'$, $l'm'$ (fig. 4) qu'on peut y inscrire sont inclinées à 45 degrés, comme les versants kl, lm du toit. Cette dernière appréciation nous semble naturelle, car notre œil est tellement habitué à ce parallélisme des lignes qu'il le cherche et le vérifie, chaque fois que nous considérons un objet avec attention, par une opération analogue à celle que nous avons tracée sur le papier.

son *Traité théorique et pratique de l'Art de bâtir*. Ces observations avaient pour but de comparer la superficie occupée par les points d'appui et les murs d'un grand nombre d'édifices célèbres, par rapport à l'espace qu'ils renferment.

Le résultat de ces observations est consigné dans un tableau qui termine le chapitre III du IXe livre de son ouvrage[1]. Nous en extrayons seulement ce qui suit, comme ayant rapport à des édifices voûtés, les uns en plein cintre et les autres en ogive.

TABLE

qui indique le rapport des murs et points d'appui de plusieurs édifices avec la superficie totale qu'ils occupent.

(Extrait.)

NOMS DES ÉDIFICES.	SUPERFICIES TOTALES EN MÈTRES.	SUPERFICIES des POINTS D'APPUI LE MÈTRES.	RAPPORT EN MILLIÈMES DES SUPERFICIES TOTALES.	
Dôme des Invalides, à Paris	2695.40	724.00	0,268	
Église de St-Pierre, à Rome	21103.10	5511.00	0,261	
Panthéon, à Rome	3182.00	759.20	0,232	
Église de Ste-Sophie, à Constantinople. .	9591.10	2097.50	0,217	0,201
Église de St-Paul, à Londres	7809.00	1330.00	0,170	
Église de St-Vital, à Ravenne.	676.20	106,10	0,157	
Église de Ste-Geneviève(Panthéon français).	5595.60	861.40	0,154	
Église de St-Sulpice.	5646.80	848.20	0,151	
Église cathédrale de Milan.	11696.40	1985.60	0,161	0,151
Église de Notre-Dame, à Paris. . . .	6258.60	816.40	0,140	

Les huit premières églises consignées dans ce tableau sont, comme on le sait, voûtées en plein cintre et appartiennent soit au style gréco-romain, soit au style byzantin, qui n'en est, comme nous l'avons vu, qu'un dérivé; les deux dernières sont construites dans le style ogival.

La moyenne arithmétique des huit premiers chiffres consignés dans la dernière colonne donne 0,201 pour le rapport de la superficie occupée par les murs et points d'appui à celle de l'espace enclos par l'édifice. La moyenne des deux derniers chiffres donne seulement 0,151; il est permis, d'après cela, de dire que pour chaque mètre carré d'espace renfermé il y a moyennement, dans le style plein-cintre [2], 0,201 de superficie occupée en murs et points d'appui, tandis qu'il n'y en a que 0,151, dans le style ogival.

[1] P. 71

[2] Nous nous servirons à l'avenir de cette expression, afin d'abréger le discours, pour

Avant de tirer les conclusions qui découlent naturellement de ce rapprochement, remarquons que les données dont nous nous sommes servi sont plutôt à l'avantage qu'au désavantage du style plein cintre. En effet, nous avons fait entrer, dans l'évaluation de la moyenne qui s'y rapporte, les édifices qui sont considérés comme les plus hardis de ce style, tandis que nous ne pensons pas qu'on regarde [1] comme tels le dôme de Milan, et Notre-Dame de Paris, dans le style ogival.

En mettant en regard ces deux moyennes, la première chose qui frappe, c'est que de deux édifices construits, l'un dans le style ogival et l'autre dans le style plein-cintre, embrassant un même espace superficiel, le premier offre un dégagement intérieur d'environ $\frac{1}{16}$ [2] plus grand que le second.

La seconde chose qu'il est permis de remarquer, c'est que, si l'on suppose des hauteurs égales aux murs et points d'appui dans les deux systèmes, le premier exigera environ $\frac{1}{4}$ de maçonnerie de moins que le second [3].

Les avantages que nous venons de signaler, quoique déjà fort remarquables, ne sont cependant pas les seuls que présente l'emploi de la voûte ogive; on s'en convaincra par ce qui suit :

Il est facile de démontrer [4] que, pour un même diamètre ou pour une même portée de voûte, le développement de l'ogive en tiers-point est à celui du plein cintre dans le rapport de $\frac{4}{3}$; ce qui revient à dire que pour un mètre carré d'espace voûté il faut $\frac{1}{3}$ de plus de voûte en employant l'ogive qu'en se servant du plein cintre. Abstraction faite des facilités de construction et des

---

désigner d'une manière générique tous les styles qui admettent le plein cintre comme élément caractéristique.

[1] *Considère* au manuscrit.

[2] $\frac{1}{4}$ au manuscrit. *C'est le résultat d'une inadvertance ou d'un lapsus calami, sans la moindre influence sur les conclusions finales. J'ai eu l'occasion, en vérifiant les calculs qui viennent dans la suite de cet écrit, de découvrir plusieurs autres petites erreurs qui n'ont pas plus de conséquence que celle-ci et que je signalerai au fur et à mesure qu'elles se présenteront. On se les expliquera en pensant à la rapidité avec laquelle j'ai dû opérer et aux circonstances pénibles au milieu desquelles ce mémoire a été entrepris et terminé.*

[3] Ces conclusions sont conformes à l'opinion de M. Rondelet, qui s'exprime ainsi qu'il suit dans son *Traité théorique et pratique de l'Art de bâtir* (t. IV, p. 292) : « La courbure du cintre la plus favorable pour les voûtes d'arête est celle des arcs gothiques, parce que la partie qui pousse le plus se trouve supprimée. On trouve que l'effort de leur poussée n'est que les trois septièmes de celui des voûtes en plein cintre de mêmes diamètre, épaisseur, hauteur de pied-droit et forme d'extrados, et qu'il suffit de donner à leurs points d'appui les *trois quarts* de ceux des voûtes en plein cintre de même forme et dimension. »

[4] Voir la note C.

réductions d'épaisseur que permet l'emploi de l'arc ogif, il semblerait, au premier coup d'œil, qu'il offre, sous ce point de vue, un désavantage assez marqué relativement à l'autre ; mais ce désavantage n'est qu'apparent et il présente, au contraire, un avantage très-réel, comme on va le voir.

En effet si, d'une part, il faut moins de développement de voûte pour couvrir une surface horizontale donnée en faisant usage du plein cintre, de l'autre il faut observer que le sommet de cette courbe atteint une bien moindre élévation que celui de l'ogive. Pour une même portée de voûte les hauteurs sous clef du plein cintre et de l'ogive en tiers-point sont entre elles dans le rapport de $\frac{100}{173}$.

Il en résulte que pour se mettre de part et d'autre dans les mêmes conditions, non-seulement d'espace superficiel renfermé entre les murs ou pieds-droits, mais aussi d'espace en élévation compris entre le sol et la clef des voûtes, on sera obligé d'augmenter la hauteur de ces murs ou pieds-droits d'une quantité égale à $\frac{73}{200}$ P pour la voûte plein-cintre (P désignant la portée de cette voûte); alors le rapport du développement de l'arc ogif à celui du plein-cintre augmenté de ce surhaussement, devient égal à $\frac{1256}{1380}$ à peu près [1].

Pour résumer tout ce qui vient d'être dit et mieux en faire ressortir les conséquences, nommons H la hauteur des murs et points d'appui, P la portée des voûtes, E leur épaisseur, et prenons le rapport approché de la circonférence au diamètre égal à 3.141; on aura pour exprimer le cube de maçonnerie nécessaire, par mètre carré d'espace renfermé, pour les murs, les soutiens et les voûtes, savoir :

1° Dans le style plein-cintre :

$$0^{m^2},201. H + 0^{m^3}.073 P + 1.^{m_3}570 E$$

2° Dans le style ogival :

$$0^{m^2}.151 H + 2^{m^3},094 E\ldots$$

Ces formules serviront à calculer promptement l'avantage qu'il y a, sous le rapport du moindre volume des maçonneries, à employer le style gothique ou ogival.

Faisons par exemple H = 20 mètres, P = 10 mètres, E = $0^m,20$, données qui se reproduisent fréquemment dans les églises exécutées, on trouve qu'il faut, par mètre carré d'espace enclos et voûté :

---

[1] Voir la note D.
[2] Voir la note E.

1° Dans le style plein-cintre,

$$4{,}02^{m^3}+0^{m^3}{,}73+0^{m^3}{,}314 = 5{,}064^{m^3}$$

2° Dans le style ogival,

$$3^{m^3}{,}02 + 0^{m^3}{,}419^3 = \overline{3{.}439^{m^3}}$$

Différence en faveur du style ogival   1.625

C'est-à-dire que dans les proportions de hauteur, portée et épaisseur de voûtes que nous avons admises plus haut et qu'on peut considérer comme des moyennes pour le genre d'édifice que nous avons en vue, *le style ogival exige presque un tiers de moins de maçonnerie que le style plein-cintre.*

Cette proportion pourrait varier en plus ou en moins en assignant d'autres valeurs à H, P et E ; mais il est à observer que, dans les limites ordinaires, ces variations ne pourront jamais infirmer complétement notre déduction, ni même l'amoindrir sensiblement, puisque l'avantage ne saurait revenir à la voûte plein-cintre, à moins d'avoir

$$0{,}524\,E > 0{,}050\,H + 0{,}073\,P. \qquad (A)$$

Or, nous ne pensons pas que dans les édifices, même les plus massifs, on puisse avoir

$$H < 30\,E \text{ et } P < 20\,E$$

Ce qui donnerait encore pour la valeur du second membre de l'inégalité (A) 2.96 E. Il y aurait donc encore, pour ce cas extrême, un avantage assez marqué en faveur du style ogival.

Ces dernières observations nous permettent de croire que le résultat de notre appréciation est aussi inattaquable qu'il est digne d'attention.

Il nous reste à examiner maintenant si le surcroît de toiture qu'exige le style ogival est de nature à diminuer sensiblement l'avantage important qu'il offre sous le rapport des maçonneries.

Le mètre carré d'espace horizontal, couvert par un comble gothique incliné à 60 degrés exige, *deux mètres carrés de couverture*. 2.00

L'emploi du comble à 45 degrés ne demande que *un mètre quarante-deux décimètres carrés* de toiture pour couvrir le même espace. . 1.42

Différence en faveur du comble à 45°. 0.58

Pour apprécier la valeur de cet avantage relativement à l'autre, il faut remarquer que, au maximum, le prix du mètre carré de couverture en ardoises est à peine le $\frac{1}{3}$ de celui du mètre cube de maçonnerie, et il peut atteindre (quand on fait usage de maçonnerie d'appareil) la limite inférieure de $\frac{1}{24}$. On se convaincra aisément, d'après cette observation, qu'il est tout à fait insignifiant, puisque au maximum il ne réduirait que de $\frac{1}{5}$ moyennement celui qui résulte de la seule comparaison des volumes de maçonnerie.

L'emploi de combles moins inclinés que 45 degrés ne saurait non plus changer notablement ce résultat; parce que si d'une part de tels combles augmentent l'avantage sous le rapport de la moindre superficie de toiture nécessaire, de l'autre, leur entretien plus coûteux le diminuerait dans une proportion peut-être encore plus forte [1].

Nous pensons donc qu'on ne saurait désormais contester le grand avantage économique que présente le style ogival sur tous ceux qui l'ont précédé ou suivi, puisque tous admettent le plein cintre comme élément constitutif [2].

Si l'on ajoute à cela les garanties qu'il présente contre l'action de l'atmosphère, on devra nécessairement (en supposant d'ailleurs qu'on soit indispensablement tenu à voûter les églises) admettre cette conclusion :

De tous les styles qui ont été employés à la construction des églises, depuis l'introduction du christianisme, le style gothique ou ogival est celui qu'il conviendrait d'appliquer aux monuments religieux de la Belgique.

Nous avons énuméré précédemment les garanties que le style gothique offre contre l'action des météores, et il serait superflu de revenir sur ce sujet. Cependant il est un point auquel nous ne nous sommes pas encore arrêté jusqu'ici, parce que nous ne l'avons vu mentionné nulle part parmi les considérations qui déterminèrent l'invention et l'emploi de ce style, mais qui nous paraît très-digne d'être noté.

L'un des traits les plus caractéristiques du style ogival, c'est l'absence de toute saillie horizontale prononcée. Tandis que, dans le style gréco-romain, l'on voit des étages de cordons et de corniches saillir au dehors des murs et former

---

[1] L'on verra plus tard que l'emploi de couvertures métalliques, en remplacement des couvertures en ardoises que nous avons eu exclusivement en vue jusqu'ici, ne saurait non plus modifier bien sensiblement le résultat de notre appréciation, parce que, dans l'état actuel de l'industrie, les moins chères d'entre ces couvertures (celles en zinc) portent le prix du mètre carré d'espace horizontal couvert à un taux à peu près aussi élevé que quand on emploie un comble en ardoises à 45 degrés.

[2] Cette assertion se trouve confirmée par le passage suivant que nous extrayons de Loudon (*An Encyclopedia of cottage, farm and villa architecture and furniture*, p. 927) :

« If however the comparison (between the pointed style and ordinary kind of domestic
« construction) be formed, as it should be, between a building in old English mode and
« one of equal pretension in either of the classic styles, we are fully prepared to maintain
« that the former will, in judicious hands, *be as economical as the latter, and in this
« opinion we shall be supported by a reference to the comparative cost of various works of
« recent date, more especially churches.* »

un des traits les plus marquants de la décoration, dans le style ogival, au contraire, on semble les avoir évités avec un soin tout particulier; loin d'être marqués par des saillies de cette espèce, les divers étages sont bien plutôt accusés par des retraites successives, couronnées de tablettes inclinées en pierre, dont le pied s'arrête à une très-petite distance en avant du nu du mur.

Le motif le plus apparent de cette différence, c'est, comme nous l'avons déjà dit, l'intention de n'apporter aucun obstacle au libre écoulement des eaux que les cordons et les corniches arrêtent et rassemblent, sans empêcher pourtant les parties sousjacentes d'être fouettées par la pluie à peu près comme s'ils n'existaient pas. Mais un autre avantage des dispositions de l'architecture gothique que ses inventeurs n'ont peut-être pas prévu, c'est de faire disparaître de l'édifice les parties que la gelée attaque et désorganise le plus promptement.

Dans les climats méridionaux où les gelées sont bien moins intenses et surtout moins prolongées que chez nous, l'action du froid sur les pierres est à peu près insignifiante, et l'on peut impunément adopter telle disposition que l'on veut, sans en tenir compte; mais en Belgique, où l'expression de *geler à pierre fendre* n'est pas toujours une hyperbole, où les temps de gelée se prolongent fréquemment pendant des mois entiers, il peut ne pas être sans inconvénient d'agir de la même façon. L'on sait, en effet, que sur un grand nombre de pierres à bâtir, et notamment sur plusieurs de celles qu'on exploite et dont on se sert en Belgique, malgré les enseignements de l'expérience, le froid exerce une action désorganisatrice des plus actives. C'est à cette cause que nous devons principalement les plus fortes détériorations qu'ont subies nos vieux édifices. Or, il nous paraît que les cordons, les minces corniches et, en un mot, toutes les saillies fortes et peu épaisses, exposées en plein air et léchées sur toutes leurs faces par le vent froid et piquant de nos jours d'hiver, sont merveilleusement placées pour en ressentir les atteintes aussi fort que possible. Dans tous les cas on doit reconnaître que, placées dans de telles conditions, des saillies de cette espèce constituent un danger permanent pour la voie publique, et que, supposé même qu'elles ne fussent pas plus exposées que le restant des murs aux atteintes de la gelée, la prudence commande de n'en user que très-modérément.

Ce que nous disons ici n'est pas, au surplus, le résultat d'un simple raisonnement. Nous avons constaté par l'examen attentif d'un grand nombre de nos monuments, que partout les cordons, les corniches et toutes les saillies horizontales sont soumises à une désorganisation beaucoup plus active que le reste des maçonneries. Ce fait pourra se vérifier sur toutes les églises de la capitale ; mais l'un des exemples les plus frappants que nous puissions citer, c'est la belle façade de l'église Saint-Loup à Namur, où l'on a dû abattre récemment, pour éviter des malheurs, le peu qui restait encore des corniches et des cordons. Cet inconvénient nous paraît à lui seul assez grave pour proscrire cette partie essentielle du style gréco-romain des édifices qui, comme ceux dont nous nous occupons, ne sont pas toujours l'objet d'un entretien minutieux, continuel et d'ailleurs fort coûteux.

Si l'on nous demande maintenant si le style ogival, à cause des grands avantages qu'il présente, doit être employé à l'exclusion de tout autre, en toutes circonstances, nous répondrons que non.

Pour expliquer l'espèce de contradiction dont on pourrait nous accuser au premier coup d'œil, nous rappellerons qu'il est en architecture des nécessités auxquelles on ne saurait se soustraire dans aucun cas; et que parmi celles-là figure au premier rang celle d'harmoniser avec leur entourage les constructions nouvelles qu'on érige. Certes, on pourrait blâmer tout aussi sévèrement l'architecte qui s'aviserait de bâtir une église gothique sur la Place-Royale de Bruxelles, par exemple, que celui qui conçut la malencontreuse idée d'accoler des bâtiments en style moderne à l'hôtel de ville de cette capitale.

Nous pensons donc qu'on ne doit faire du gothique, malgré tous les avantages de ce style, que dans les parties de nos villes qui ont encore conservé un cachet véritablement moyen-âge, ou bien dans des quartiers dont les constructions sont absolument dépourvues de caractère. Mais pour ceux qui offrent un type architectural différent et bien décidé, nous sommes d'avis qu'on ne saurait l'employer sans pécher contre toutes les règles du goût. Nous ne voudrions d'autres changements, dans ce dernier cas, que ceux qui, sans altérer profondément le caractère du style et sans le mettre en désaccord avec les édifices voisins, auraient pour objet de faire disparaître des dispositions éminemment contraires aux règles d'une sage prévoyance, et que nous avons indiquées précédemment.

Ceci nous ramène à examiner une question très-importante que nous avons cru devoir jusqu'ici laisser à l'écart, soit pour ne pas interrompre le fil de notre exposition, soit pour mieux faire ressortir l'objet principal de la discussion.

Cette question la voici :

Les églises doivent-elles être voûtées ?

La discussion de ce point va nous montrer une autre face de la question que nous avons déjà décidée en lui supposant une solution affirmative. On aura remarqué, en effet, que le grand avantage du style gothique repose tout entier sur l'emploi de voûtes d'une poussée moindre que celles en plein cintre. Si l'on admet une solution négative à la question que nous venons de poser, cet avantage disparaît ; les deux styles [1] restent alors à peu près aussi avantageux l'un que l'autre et leur choix devient [2] entièrement subordonné aux convenances locales. Cette question mérite donc un sérieux examen.

Nous avons dit précédemment que les premières églises n'étaient pas voûtées. Il est certain tout au moins que celles qu'on recouvrit de voûtes formaient de rares exceptions.

Quels furent les motifs qui firent ultérieurement abandonner la coutume de laisser la charpente du toit apparente et qui décidèrent de l'emploi exclusif de la voûte?

Nous plaçons en première ligne la crainte des incendies, si fréquents dans les premiers âges du christianisme, et qui détruisirent de fond en comble la plupart des anciennes basiliques.

La voûte, interposée entre les richesses du temple et le vaste aliment de la flamme qui le couvrait, était certes de nature à annihiler ou tout au moins à diminuer de beaucoup les désastreuses conséquences d'un incendie. On a sans doute encore présents à l'esprit deux faits d'une date récente qui servent à le démontrer : la cathédrale de Chartres fut totalement préservée par ses voûtes des ravages qu'aurait pu causer l'incendie de sa *forêt* [3], tandis que l'embrasement du comble de Saint-Paul hors les Murs, à Rome [4], ne laissa subsister que des pans de murs et des tronçons de colonnes calcinés. Ce motif était donc très-fondé à une époque où l'on ne connaissait pas de moyen plus efficace et plus économique de parer à un aussi grave inconvénient ; mais aujourd'hui, il ne saurait plus avoir la même valeur. Non-seulement la chimie nous a appris à enlever au bois, par divers moyens, sa propriété combustible, mais l'art de travailler les métaux, et le fer en particulier, a fait de tels progrès que nous pouvons actuellement construire, avec une minime dépense, les plus beaux et les plus vastes combles sans qu'il y entre un pouce de bois ou de matière combustible.

L'on peut mettre en seconde ligne l'idée de remplacer une construction périssable par une construction capable de braver l'effort des siècles. Mais ce motif nous paraît, en principe, beaucoup moins fondé que le précédent. On

---

[1] *Et ces deux styles* au manuscrit.
[2] *Devient alors entièrement* au manuscrit.
[3] Arrivé en 1833.
[4] Arrivé en 1823.

remarque, en effet, que l'emploi des voûtes n'a pas dispensé de celui des charpentes et l'on sait même que leur longue durée est entièrement subordonnée à l'entretien et à la bonne conservation du toit qui les dérobe aux injures de l'atmosphère [1]. Que reste-t-il des belles voûtes de l'abbaye de Villers et du château de Vianden depuis qu'un vandalisme inqualifiable les a dépouillés de leurs toitures [2]? Nous croyons donc ce motif plus spécieux que réel, et en supposant le contraire les progrès réalisés par l'industrie métallurgique lui enlèveraient actuellement toute sa valeur. On peut faire, en combinant le fer, la fonte et les matériaux de couverture, des combles tout aussi impérissables que des constructions en pierre.

Enfin on peut admettre, en dernier lieu, qu'on voûta les églises [3] pour remplacer l'aspect de la charpente par la vue d'une construction moins légère, plus monumentale et plus propre à frapper l'esprit par le spectacle d'une grande difficulté vaincue.

Nous avouons que pour ceci il serait difficile de démontrer si l'on a eu tort ou raison ; car l'appréciation de l'effet que produit telle ou telle construction est plutôt une affaire de goût que de raisonnement. Toutefois nous pensons qu'on peut soutenir, sans être paradoxal, qu'une belle charpente en bois ou en métal peut supporter la comparaison, sous ce point de vue, avec les plus belles combinaisons de voûtes que l'on puisse imaginer. Nous dirons plus, c'est que, selon notre sentiment, les plus belles complications de nervures et de clefs pendantes ne produiront jamais rien de comparable à ces longues lignes fuyantes des pièces d'une vaste charpente dont le dessin change d'aspect chaque fois que notre œil se déplace et où il aime à s'égarer. Tous ceux qui ont vu Saint-Paul hors les Murs parlent avec enthousiasme de l'aspect saisissant de sa belle charpente, et il n'est pas un de nous qui n'ait contemplé avec un vif sentiment de plaisir et d'admiration ces beaux combles en bois ou en fer qui recouvrent les gares magnifiques que l'Angleterre, la France et la Belgique, plus récemment, ont élevées aux débarcadères de leurs chemins de fer.

Ajoutons encore que, y eût-il réellement une différence nettement appréciable en faveur des voûtes, ce n'est qu'au prix d'un grand sacrifice d'argent

---

[1] Ceci ne s'applique, bien entendu, qu'aux voûtes légères, comme sont toutes celles qui recouvrent les édifices religieux et la plupart des constructions civiles.

[2] Le toit de l'abbaye de Villers fut démoli vers 1793, et celui du château de Vianden (Luxembourg hollandais) en 1823. Dès 1827, les voûtes de ce vaste et curieux édifice, dont la destruction, permise par un roi, sera à jamais regrettable, étaient déjà presque totalement ruinées, et, à l'heure qu'il est, il n'en reste sans doute plus rien.

[3] *Que ce fut* dans le manuscrit.

qu'on parvient à l'obtenir, et que cet argent serait peut-être mieux employé à développer un autre élément d'effet incontestablement bien plus puissant que celui qu'on peut attendre de l'emploi des voûtes.

Cet élément d'effet, c'est la grandeur de l'édifice ; rien ne frappe l'esprit comme la vaste étendue d'un monument ; rien ne porte autant à la méditation peut-être. C'est en mesurant du regard l'immense distance qui sépare sa tête de la voûte ou du toit qui l'abrite que l'homme sent combien il est petit. L'audace de ses semblables qui ont osé, en amoncelant pierre sur pierre, s'élever à de telles hauteurs, puis jeter, sur le vide béant, des voûtes ou des charpentes, lui paraît alors merveilleuse ; il se sent malgré lui frappé de crainte et de respect et, sous l'influence de ce double sentiment, les idées religieuses ne tardent pas à se développer, quand elles sont d'ailleurs provoquées par les objets du culte.

C'est cette source puissante d'effet que les gothiques ont si admirablement exploitée comme nous l'avons fait voir.

Quelle que soit donc l'opinion que l'on ait de l'effet des voûtes comparé à celui des charpentes, on pourra en dernière analyse poser la question de savoir s'il n'est pas préférable d'employer l'argent qu'elles coûtent à agrandir en tous sens les dimensions du temple, et nous pensons qu'ainsi posée elle ne peut recevoir qu'une solution défavorable à l'emploi des voûtes [1]

On pourrait objecter, il est vrai, que renoncer à l'emploi des voûtes c'est s'interdire celui des dômes dont l'effet est si grandiose au dehors, et qui s'harmoniseraient mal à l'intérieur avec les charpentes des nefs. Nous ne contestons pas cet effet extérieur des dômes, nous admettons qu'il est réellement imposant ; qu'un dôme annonce au loin la richesse et la puissance de ceux qui l'ont élevé ; mais tout en concédant cela, nous ne pensons pas cependant que cette objection soit un obstacle sérieux à l'abandon des voûtes.

N'avons-nous pas, en effet, à leur substituer ces hautes flèches qui sont aussi la merveille et la gloire de nos cités ? Peut-on nier, par exemple, qu'une tour comme celles de Strasbourg et d'Anvers ne puisse marcher de pair avec le dôme du Panthéon français ou de Saint-Paul de Londres ?

Sans prétendre toutefois nous porter juge dans une matière aussi délicate, nous pensons qu'on peut conclure de ce qui précède que, dans l'état actuel de la science, la voûte n'est plus un élément architectonique indispensable des

---

[1] Dans le cas où l'emplacement ne se prêterait pas cet agrandissement, on pourrait se demander s'il ne vaut pas mieux employer cet argent à rehausser la magnificence de l'édifice par l'emploi de matériaux plus précieux.

églises, et que son emploi n'est plus, au contraire, qu'une simple affaire de goût qu'on ne peut pas plus trancher que toutes les autres du même genre [1].

En partant de là on déduit, comme nous l'avons dit en commençant cette discussion, qu'on ne saurait donner une préférence absolue au style ogival sur le style plein-cintre, du moment (bien entendu) qu'on pose la condition de faire disparaître de celui-ci les parties qui offrent des dispositions éminemment contraires aux exigences du climat.

Il ne nous reste plus qu'à examiner maintenant, pour épuiser la question, quel est parmi les différents styles que nous avons compris sous la dénomination générique de pleins-cintres, le mieux approprié aux exigences du climat, aux progrès des arts et aux ressources du pays.

Nous comptons au nombre de ces styles :

1° Le style gréco-romain ;
2° Le style byzantin ;
3° Le style roman ;
4° Le style romano-byzantin ;
5° Le style renaissance.

Nous croyons pouvoir écarter de prime abord le style roman et le style byzantin ; nous ne pensons pas qu'il vienne à l'idée d'un architecte raisonnable d'imiter les grossières constructions appartenant au premier, et quant au second nous ferons remarquer qu'il n'a jamais été importé chez nous que dans le style romano-byzantin. Rappelons en outre que le dôme sur pendentifs qui lui donne son principal caractère est une construction dont la convenance est au moins fort contestable.

Restent donc les styles gréco-romain, romano-byzantin et renaissance entre lesquels nous avons à fixer notre choix.

Le style gréco-romain est, sans contredit, le plus pur et le plus noble des trois ; mais les proportions à peu près immuables dans lesquelles il renferme ses principaux éléments sont, à notre avis, un obstacle à ce qu'on puisse lui appliquer, aussi bien qu'aux autres, les modifications que réclament les progrès des sciences et des arts industriels ; il offre d'ailleurs pour notre climat des dispositions éminemment défavorables. Nous pensons donc, d'après cela, ne pouvoir lui donner la préférence.

Des deux styles restants, celui qui nous paraît le mieux approprié à notre

---

[1] Si l'on pouvait trancher cette question dans le sens vers lequel nous inclinons, ce erait certainement le moyen d'obtenir le pl s de résultat avec la moindre dépense possible.

climat, et qui se prête en même temps le mieux à toutes les modifications ci-dessus indiquées, c'est le style romano-byzantin. Les corniches qu'il emploie sont peu nombreuses et peu saillantes et leur forme offre une grande résistance. Toutes les faces exposées à la pluie sont inclinées comme dans les édifices gothiques ; les combles ont une inclinaison convenable ; ce style a d'ailleurs un cachet tout aussi chrétien que le style ogival ; il a comme lui une entière liberté d'allures et il se prête admirablement à la décoration statuaire et polychrome qui permet de tirer parti des matériaux variés que produit le sol belge.

Nous ne prétendons pas pourtant qu'il faille exactement copier ce que nos devanciers ont fait dans ce style. Nous pensons, au contraire, que bien des détails peuvent être avantageusement modifiés, et, sous ce point de vue, l'étude des monuments du style renaissance ne peut qu'être très-utile. Les formes correctes et élégantes des soutiens, les combles à la Philibert de Lorme, la pureté et la grâce des bas-reliefs et des statues, sont autant de choses qu'on pourrait emprunter à ce style pour améliorer l'autre.

Nous pensons avoir répondu à la question qui nous était posée d'une manière aussi complète que possible et nous résumons notre opinion définitive ainsi qu'il suit :

1° *Pour les églises voûtées*, le style ogival ou gothique est incomparablement le plus économique et le meilleur pour la Belgique [1].

2° *Pour les églises non voûtées*, le style plein-cintre est aussi avantageux que le précédent ; l'entourage de l'édifice projeté indiquera celui des deux auquel il faut donner la préférence.

3° Parmi les différents styles compris sous la dénomination générique de pleins-cintres, celui qui nous semble le mieux approprié aux exigences du climat, aux ressources du pays et au progrès de l'industrie, est le style romano-byzantin. Nous voudrions toutefois qu'on l'améliorât dans quelques-uns de ses détails en se rapprochant des modèles du style renaissance.

[1] *Le meilleur et le plus économique* dans le manuscrit.

CHAPITRE III.

Des combinaisons nouvelles qu'on pourrait introduire dans l'architecture des églises, en mettant à profit les perfectionnements récents des sciences et des arts industriels et notamment de la métallurgie.

Le sujet que nous avons à traiter dans ce chapitre est le plus difficile et le plus délicat de ceux que renferme la question posée par l'Académie. Avant de l'aborder, qu'il nous soit permis d'entrer dans quelques courtes explications. Pendant bien longtemps, on peut même dire depuis l'époque de la renaissance jusqu'en ces derniers temps, l'architecture fut considérée chez nous plus comme un art d'agrément [1] que comme un art éminemment utile. L'observation *des convenances utiles* ne venait trop souvent, d'après les idées généralement reçues, qu'en seconde ligne. Les *convenances de goût* ou plutôt *de mode* occupaient la première place. Ce n'est que depuis bien peu d'années qu'on en est venu à reconnaître franchement qu'une telle manière de faire était illogique, et qu'il fallait, avant tout, satisfaire aux convenances utiles.

Or, parmi celles-là, nous l'avons déjà dit, se place en première ligne l'obligation de soustraire, autant que possible, toutes les parties de l'édifice aux influences destructives de l'atmosphère. *Ædificia*, dit Vitruve, *autem ita erunt rectè disposita, si primo animadversum fuerit quibus regionibus aut quibus inclinationibus mundi constituantur*. Comment en effet peut-on songer à créer un monument si cette règle n'est scrupuleusement observée?

Nous avons fait voir précédemment comment, en cherchant d'abord à satisfaire à cette exigence, les architectes du moyen âge étaient parvenus à créer une architecture parfaitement appropriée à notre climat, et pourtant aussi merveilleuse que celles d'Athènes ou de Rome. Avons-nous besoin de rappeler, pour le mettre en regard de ce fait, qu'en partant d'un point de vue opposé, les architectes du dix-huitième siècle en sont venus à cette architecture *rococo* qui succomba sous le poids du ridicule dès que l'engouement de la mode eut fait place à des idées plus réfléchies?

Après cette convenance nous mettons immédiatement celle de faire jouir l'art architectural de tous les progrès qui se réalisent incessamment dans les

---

[1] Nous désignons par là les arts qui, comme la peinture, la sculpture, la musique, la poésie, embellissent notre existence, mais ne lui sont pas indispensables.

arts et les sciences et qui lui sont applicables sans augmentation de dépense. Or, nous le demandons, comment cela serait-il possible, si, tout en renonçant à baser les formes et les proportions sur le simple caprice de l'imagination, on les astreint à des proportions fixes et immuables qui constitueraient, aux yeux de certaines gens, le *rhythme* ou la *prosodie* du style. Ce rhythme, cette prosodie qu'on admire tant à froid dans les temples grecs et romains, où en trouve-t-on la trace dans les églises gothiques et lombardes? et pourtant a-t-on besoin de se battre les flancs pour se sentir saisi d'admiration à leur aspect?

Ainsi donc, laissons là le dévergondage des architectes du dix-huitième siècle, mais aussi sachons résolûment sortir de cette timide réserve et de cet esprit de système de ceux du nôtre. Rentrons hardiment dans la voie qui fut si malheureusement abandonnée il y a trois siècles, non pour copier servilement les édifices de cette époque, comme quelques-uns voudraient le faire, mais pour perfectionner ce que l'on fit alors. C'est ainsi que nous parviendrons seulement à donner à nos compositions architecturales, qu'elles aient l'ogive ou le plein cintre comme élément caractéristique, ce cachet d'originalité dont l'absence est si vivement regrettée dans les constructions modernes.

Ce préambule indique suffisamment le point de vue auquel nous entendons nous placer pour apprécier les perfectionnements qu'il est permis de réaliser actuellement, eu égard aux progrès des sciences et de l'industrie. Nous laisserons de côté toutes les questions de combinaisons et de formes qui n'attaquent que la superficie des objets dans un but de décoration ; nous mettrons à l'écart ces idées de proportions fixes et immuables qui ne sont propres, selon nous, qu'à arrêter l'essor du génie et le progrès. Nous baserons seulement nos appréciations sur la nécessité :

1° De donner aux diverses parties de l'édifice des formes et un genre de construction propres à les garantir de l'action destructive des intempéries;

2° De donner aux mêmes parties [1] un degré de force et de stabilité suffisant pour résister aux efforts auxquels elles sont soumises;

3° Enfin de ne faire [2] que la moindre dépense possible.

On ne doit pas s'attendre, du reste, à ce que nous engagions ici des discussions purement théoriques sur la résistance des matériaux ou des autres parties constitutives des édifices ; ces discussions font l'objet d'ouvrages spéciaux auxquels nous renvoyons et dont nous nous approprierons les résultats

---

[1] *D'avoir un degré* au manuscrit.
[2] *De n'exiger* au manuscrit.

en tant qu'ils pourront nous être utiles[1]; nous prévenons, en outre, que quelques-unes des questions que nous allons aborder ayant été traitées et résolues dans le chapitre précédent, nous ne ferons que rappeler nos conclusions ou les compléter, lorsqu'il y aura lieu, par des considérations nouvelles.

Les églises, comme les édifices en général, ne se composent que d'un petit nombre de parties élémentaires qui sont :

1° Les murs ;
2° Les voûtes ;
3° Les colonnes et les piliers ;
4° Le comble.

Murs. *Forme qu'il convient de leur donner.* — Les murs remplissent tout à la fois deux fonctions dans l'édifice. La première, d'enclore l'espace ; la seconde, d'offrir un support aux fermes des combles ou aux retombées des voûtes. La forme qu'on leur donne le plus communément est celle d'un prisme droit rectangulaire, couronné par une saillie prismatique plus ou moins prononcée formant tablette ou corniche. Cette forme est généralement regardée comme parfaitement appropriée. Cependant le raisonnement le plus simple indique qu'elle devrait être toute différente, comme nous allons le montrer. Faisons remarquer d'abord que les murs n'ont pas besoin d'une aussi grande épaisseur au sommet qu'à la base, puisqu'en cet endroit les matériaux ont à supporter, de moins que ceux de la base, tout le poids du mur ; il paraîtrait donc plus rationnel de les faire régulièrement diminuer d'épaisseur, de la base au sommet, au moyen d'une série de retraites successives. Ces retraites seraient rachetées par des plans inclinés taillés dans des assises en pierres de taille choisies parmi les meilleures et les plus résistantes aux influences atmosphériques, dont on peut disposer. Cette forme a été fréquemment employée par les gothiques, par les architectes de la période romano-byzantine et même par ceux de la renaissance. Elle est d'un bon effet, parce qu'elle brise la monotonie des grands pans de maçonnerie et y établit naturellement des divisions en étages qui peuvent offrir beaucoup de ressources pour la décoration. Elle offre, en même temps, bien plus de stabilité sur la base et de résistance aux poussées que la forme rectangulaire. Enfin elle donne à la masse des édifices une forme légèrement pyramidale qui plaît à l'œil, parce qu'elle leur procure un air de force et de stabilité que n'offrent pas, au même degré, ceux qui sont renfermés dans des enceintes prismatiques. L'inclinaison des talus des retraites doit être

---

[1] Nous renvoyons spécialement à l'ouvrage de Navier, intitulé : *Résumé des leçons données à l'École des ponts et chaussées sur l'application de la mécanique à l'établissement des constructions et des machines.*

la même que celle des versants du comble, pour les raisons que nous avons indiquées précédemment. La seconde chose à observer c'est que ¹ les murs ne devraient pas avoir une égale épaisseur sur toute leur longueur. En effet, il est évident que cette épaisseur devrait être beaucoup plus forte à l'endroit où ils reçoivent le pied des fermes de charpente, ou les retombées des voûtes d'arête, que partout ailleurs ; puisque ce sont ces points qui supportent toute la fatigue résultant du poids des voûtes et des combles ; les autres ne sont, pour ainsi dire, que de remplissage et pourraient être d'épaisseur beaucoup moindre ². De telles dispositions permettraient d'économiser de la maçonnerie sans rien enlever de la force qui leur est nécessaire, et elles créeraient, en même temps, de nouvelles subdivisions parfaitement accusées et justifiées. Elles ont été fréquemment employées par les architectes du moyen âge et nous conseillons d'y revenir. Les parties épaisses ou en *contrefort* seraient montées par retraites successives comme le corps du mur et par les mêmes motifs.

Nous avons fait voir précédemment les inconvénients des corniches fortement saillantes. Nous n'admettons nullement, comme une compensation de ces inconvénients (quoique cela se trouve dit dans tous les traités d'architecture), que la saillie des corniches garantit les murs de la pluie. On sait très-bien que cet effet est nul, sauf dans quelques cas exceptionnels. La corniche n'a d'autre but et d'autre effet que de consolider les parties supérieures du mur qui sont dans des conditions plus désavantageuses que les autres, et de les terminer d'une manière agréable à l'œil. Ces deux effets peuvent être obtenus sans tomber dans les inconvénients signalés. Les édifices romano-byzantins et gothiques offrent, pour cet objet, d'excellents modèles à imiter.

C'est au travers des murs que l'on perce les ouvertures destinées à donner accès à l'intérieur ou à y faire pénétrer le jour ³. Ces ouvertures seront très-

---

¹ *Qu'il est visible que* au manuscrit.

² Les épaisseurs de ces murs pourraient se régler au moyen des règles empiriques données par Rondelet dans son *Traité théorique et pratique de l'Art de bâtir*, t. IV, p. 105 et suivantes. Les parties épaisses ou en contrefort se calculeraient en les considérant comme des soutiens entièrement isolés, et celles qui constituent le remplissage intermédiaire, en les regardant comme de simples murs de clôture soutenus à leurs extrémités.

³ Lorsque les édifices ne sont pas voûtés on peut les éclairer par le comble, et la distribution de la lumière ne s'en fait que d'une manière plus tranquille, plus uniforme et plus agréable à l'œil. C'est une considération à ajouter à celles que nous avons fait valoir dans le chapitre précédent contre l'emploi des voûtes. Nous ajouterons qu'on pourrait très-convenablement employer l'argent qu'elles coûtent à orner les lanterneaux de vitraux peints qui, combinés avec une belle charpente en métal, produiraient certes autant d'effet que les compartiments ou les caissons d'une voûte.

ns convenablement terminées, par le haut, au moyen d'arcades en plein-cintre ou en ogive, selon le style adopté. Ces arcades offrent plus de solidité et sont d'ailleurs d'un meilleur effet, pour les grandes ouvertures, que les linteaux ou les architraves par lesquels on pourrait les remplacer. Par le bas elles seront terminées carrément au moyen d'un seuil en pierre dont la face supérieure sera taillée suivant la même pente que le toit. C'est tout à la fois le moyen le plus efficace d'empêcher l'eau des pluies d'être refoulée par le vent à l'intérieur (comme on le voit si souvent dans nos habitations), d'éviter qu'elle ne séjourne en cet endroit, et d'harmoniser ces surfaces avec celles de la toiture.

Matériaux qui conviennent à la construction des murs. — On emploie ordinairement à la construction des murs, les pierres naturelles ou artificielles cimentées par le mortier. La seule substance par laquelle on pourrait proposer de les remplacer pour les constructions monumentales (et quelques esprits novateurs l'ont déjà fait) serait la fonte ou le fer malléable.

Nous allons établir une comparaison qui permettra d'apprécier, à sa juste valeur, la convenance de cette innovation.

Supposons d'abord un mur construit entièrement en fonte. La manière la plus simple de le composer serait de le former d'un certain nombre de *côtes* ou *membrures* qui correspondraient aux fermes des combles ou aux retombées des voûtes. Ces membrures s'assembleraient par le bas, dans une semelle, et par le haut dans une sablière formant corniche, et l'intervalle qui les sépare serait rempli par des panneaux assemblés dans des rainures. Pour avoir approximativement le coût d'un pareil système, supposons les côtes espacées de 3 en 3 mètres et donnons-leur, ainsi qu'à la semelle et à la sablière, 10 sur 50 centimètres de section transversale sur une hauteur de 20 mètres [1]. On trouvera que, pour 60 mètres carrés de muraille, cette charpente exigera un poids de fonte égal à 7200 kil. $\{(0^m10 \times 0^m50)(20^m + 6^m)\} = 9360$ kil.; donnons seulement 0^m015 d'épaisseur aux panneaux, leur poids pour 60 mètres carrés sera 7200 kil. $\times 0^m015 \times 60 \times 6480$

TOTAL. . . 15840

Il faudra donc moyennement, par mètre carré de mur, 264 [2] kilogrammes de fonte, à peu près. Le prix actuel de la fonte moulée en plaques et objets de

---

[1] Les dimensions transversales seront peut-être trouvées bien faibles pour une telle hauteur, mais nous les avons prises aussi faibles que possible, afin qu'on ne pût nous accuser d'avoir posé, dans cette discussion, des conditions défavorables à l'emploi de la fonte.

[2] 257 au manuscrit.

même espèce est de 230 fr. les 1000 kilog.; d'après cela, les 264 kilog. coûteraient 60 fr. 72 c. [1], [2], non compris la pose, l'ajustage et la peinture.

Si l'on met en regard de ce résultat le fait qu'un mur en briques d'un mètre d'épaisseur ne coûte pas, au maximum, plus de 20 francs par mètre carré, en comprenant dans ce prix les chaînes en pierres de taille dont on le fortifie, et qu'un mur, de même épaisseur entièrement parementé en pierre de taille, coûterait à peine le même prix que cette construction en fonte, on devra convenir que, dans l'état actuel des choses, l'idée de faire des murailles en fonte ne saurait être adoptée que par des gens irréfléchis.

Ajoutons, afin de répondre à une objection qu'on pourrait élever, que l'entretien d'un mur en fonte serait au moins aussi coûteux que celui d'un mur en maçonnerie; car l'expérience a démontré que la rouille attaque avec une grande activité les constructions faites en cette matière, surtout lorsqu'elles sont exposées à l'air humide. Leur peinturage toutes les dix années au moins [3], serait une opération indispensable et dont le prix ne serait pas moins élevé que celui du rejointoiement d'une maçonnerie ordinaire, qu'il n'est pas toujours nécessaire de faire complétement au bout du même laps de temps, lorsque la construction a été faite en matériaux de bonne qualité.

Le désavantage serait au moins aussi marqué si l'on substituait des panneaux en tôle à ceux en fonte, car, quoiqu'on puisse leur donner une épaisseur moindre, le prix en serait encore plus élevé, à cause du plus haut prix du fer. En supposant à la tôle une épaisseur de 7 millimètres seulement (ce qui serait bien faible), elle pèserait 55 kilog. environ au mètre carré, ce qui en porterait le prix à 27 ou 28 francs, tandis que des plaques de fonte de 15 millimètres d'épaisseur ne coûteraient que 24 à 25 francs au mètre carré.

Nous croyons donc pouvoir répéter, en toute confiance que, dans l'état actuel des choses, on ne peut sérieusement songer à employer la fonte ni le fer à la construction des murs d'édifices, et qu'il faut continuer à faire usage des maçonneries.

[1] 257 au manuscrit.
[2] 58 fr. 40 c. au manuscrit. *Les rectifications ne font que confirmer davantage mes conclusions.*
[3] Le commandant de Belmas, dans son mémoire sur les couvertures militaires (*Mémorial de l'officier du génie*, T. III, p. 111), dit que, d'après les renseignements qui lui ont été fournis par le capitaine du génie Viard, longtemps employé comme professeur à l'École du génie d'Odessa, on est obligé de peindre tous les huit ou dix ans les combles en tôle de fer dont on fait un fréquent usage en Russie. D'après des renseignements que nous nous sommes procurés à Liége, au sujet des toitures en tôle gaufrée dont nous parlerons plus loin, on estime qu'en Belgique la peinture devrait être renouvelée toutes les trois années.

SUR L'ARCHITECTURE DES ÉGLISES.

Voutes. *Forme qu'il convient de leur donner.* — La question de la forme la plus avantageuse à donner aux voûtes a été discutée et résolue au chapitre II. Nous pourrions toutefois l'envisager d'une manière plus générale en faisant entrer, dans la comparaison, des voûtes à génératrices autres que le plein-cintre et l'ogive qui sont peut-être encore plus avantageuses sous le rapport du peu de poussée qu'elles exercent. Mais nous devons faire remarquer que ces voûtes, au nombre desquelles figureraient, en première ligne, celles en chaînette et en parabole, seraient d'une construction plus difficile que celles en ogive et ne sauraient s'harmoniser aussi bien qu'elles avec les autres parties de l'édifice. Cette dernière considération surtout ôterait à cette recherche une grande partie de son utilité et nous croyons pouvoir nous en dispenser.

Matériaux qui conviennent à la construction des voûtes. — Les matériaux les plus légers sont ceux qui conviennent à la construction des voûtes. Si les briques creuses n'étaient pas d'un prix aussi élevé, on devrait en conseiller l'emploi, de préférence à toutes les autres pierres. D'un autre côté, les voûtes en pierres appareillées coûtent infiniment plus cher que les voûtes en briques, tant à cause de la grande différence de prix entre la pierre et la brique, qu'à cause du grand poids des voussoirs qui exigent des appareils très-dispendieux pour être élevés et mis en place, tandis que la brique est facilement maniable. La régularité de la brique doit d'ailleurs la faire préférer au moellon ; c'est donc en définitive la matière que nous considérons comme préférable pour cette espèce de construction. Seulement, nous pensons qu'il serait utile, pour les édifices importants, d'en faire mouler suivant une forme plus appropriée à cet usage que celles qu'on emploie ordinairement. On pourrait aussi les rendre plus légères en mélangeant à l'argile une plus ou moins forte quantité de sciure de bois ou de toute autre matière susceptible d'être détruite par la cuisson et de rendre, par là, la brique plus poreuse sans lui ôter de sa force.

La pierre de taille doit se réserver spécialement pour les parties les plus faibles ou les plus difficiles à appareiller, comme les arêtes d'intersection ou les *nervures*.

On ne peut penser à remplacer les pierres par la fonte ou le fer pour la construction des voûtes, à cause du prix relativement beaucoup plus élevé qui en résulterait. Sur 5 millimètres d'épaisseur une voûte en fonte coûterait au mètre carré $0,005 \times 7200 \times 0,23 = $ fr. 8,28 [1] ; tandis qu'une voûte en briques ne coûterait pas plus de 4 francs pour la même unité superficielle sur 0^m20 d'épaisseur. L'emploi du métal ôterait d'ailleurs à cette construction une

[1] 8,05 au manuscrit.

grande partie de son caractère. Ce qu'il serait possible de faire, dans quelques cas, ce serait de remplacer la pierre de taille par la fonte pour la composition des nervures. Bien qu'il y ait encore une différence de prix très-grande entre ces deux systèmes de construction, il pourrait y avoir cependant avantage à employer la fonte pour cet objet. En effet, il faut remarquer que les nervures sont les parties des voûtes qui se prêtent le mieux à la décoration et qu'on pourrait, avec la fonte, réaliser à bas prix des compositions très-ouvragées et très-solides tout à la fois, tandis qu'avec la pierre elles seraient toujours d'un prix fort élevé et plus ou moins périclitantes. Rien ne serait plus aisé, par exemple, que de faire avec la fonte des nervures découpées à la manière de certaines clefs pendantes des édifices gothiques, et l'on conçoit, sans qu'il soit besoin de calculs, tout l'avantage que la fonte présenterait pour des ouvrages de cette espèce.

PILIERS ET COLONNES. *Forme qui leur convient.* — La forme des soutiens isolés est généralement celle d'un cylindre circulaire ou d'un prisme dont la section horizontale peut être un carré, un rectangle plus ou moins allongé, ou une figure plus compliquée.

Les soutiens cylindriques portent, comme on le sait, le nom de *colonnes,* et l'on donne celui de *pilastres* ou de *piliers* aux soutiens prismatiques.

Dans les constructions antiques le rapport du diamètre à la hauteur de la colonne varie dans les limites de $\frac{1}{4}$ (ordre dorique grec ou de Pœstum) à $\frac{1}{10}$ (ordres corinthien et composite). Dans les constructions gothiques, ce rapport va jusqu'à $\frac{1}{20}$ (colonnes de l'église de Saint-Martin d'Angers et du réfectoire de Saint-Martin des Champs, aujourd'hui conservatoire des arts et métiers à Paris).

Nous ne saurions admettre, ainsi que le font les partisans exclusifs du style gréco-romain, que les seules proportions convenables, entre la base et la hauteur des colonnes ou des piliers, soit comprise entre $\frac{1}{4}$ et $\frac{1}{10}$. Nous ne reconnaissons, avons-nous déjà dit, d'autre limite rationnelle sous ce rapport, que celle qui dépend de la résistance de la matière. Or, il est facile de démontrer que, dans la plupart des cas, les dimensions des colonnes grecques et romaines sont tout à fait hors de proportion avec les charges qu'elles ont à supporter. Il nous suffira d'un exemple pour le prouver.

Supposons que les colonnes d'un portique, haut de dix mètres, aient à supporter chacune un poids de 100,000 kilogrammes : en adoptant les proportions de l'ordre corinthien, le plus léger de tous, la base aurait un diamètre égal à un mètre et une surface égale à 78.50 [1] décimètres carrés. Supposons qu'on

[1] 79.50 au manuscrit.

emploie le calcaire petit granite. Cette pierre peut supporter, sans le moindre danger et indéfiniment, dans de telles proportions, 4000 kilogrammes par décimètre carré. On voit donc qu'il suffirait d'une section de base de 25 décimètres carrés, ce qui correspond à un diamètre de 0^{m}56 à peu près. Il résulte encore de là qu'il suffirait du tiers de la matière employée pour procurer à chacune des colonnes un degré de force bien suffisant.

A la vérité l'expérience indique que la résistance des pierres diminue au fur et à mesure qu'elles sont employées dans des proportions plus grêles, et il serait possible que ces dimensions dussent être légèrement augmentées; mais on a cependant des exemples qui démontrent que, même dans la proportion de $\frac{1}{15}$ qui résulterait de l'emploi du diamètre trouvé, le chiffre (4000 kilog.) dont nous avons fait usage pour le déterminer, ne peut conduire à un degré de hardiesse compromettante [1].

Il y aurait toutefois un moyen de faire disparaître l'inconvénient que nous avons signalé [2], ce serait d'employer des colonnes creuses en fonte, comme nous l'expliquerons plus loin, et c'est ce que nous conseillerons pour le cas où nos idées, sur l'entière liberté que nous admettons quant aux proportions des colonnes et des soutiens isolés en général, ne seraient point goûtées.

Nous ne nous dissimulons pas, en effet, que certains architectes, encore tout imbus des vieilles idées, vont s'écrier que nos principes tendent à la décadence de l'art; mais nous devons encore le répéter, nous sommes intimement convaincu qu'il n'y a pas d'autre voie de progrès et d'originalité que celle-là. C'est en partant de ces principes que les architectes du moyen âge ont créé leur merveilleuse architecture, et c'est encore en les observant que les Anglais sont parvenus à donner à leurs grands ouvrages d'utilité publique ce cachet à la fois hardi et original que les autres peuples leur envient.

La forme des bases et des chapiteaux doit se déterminer d'après d'autres considérations; à la rigueur, les bases pourraient être supprimées comme dans beaucoup d'édifices grecs. Cependant il faut reconnaître qu'un léger renflement au pied de la colonne produit en général un bon effet; d'ailleurs le raisonnement indique qu'il n'est pas tout à fait superflu : d'abord parce que la base a à supporter un poids plus considérable que le restant du corps de la

---

[1] Ce poids de 4000 kilogrammes n'est que le $\frac{1}{15}$ de celui qui déterminerait l'écrasement instantané du calcaire petit granite sous forme cubique. Les colonnes de l'église de Saint-Martin d'Angers, citées plus haut, portent le $\frac{1}{9}$ de la charge capable d'écraser la pierre dont elles sont formées, et leur diamètre est pourtant compris vingt fois dans la hauteur.

[2] *Cet inconvénient* au manuscrit.

colonne, et secondement parce que, pour peu que les charges ne soient pas exactement équilibrées, il peut en résulter une tendance à tourner autour de l'arête de la base, et par suite celle-ci peut recevoir un grand surcroît de pression sur certains points. La nature semble du reste indiquer la convenance de cette disposition. Les arbres au point où ils s'enracinent dans le sol offrent un renflement analogue.

Quant aux chapiteaux, leur forme doit être principalement déterminée par la nécessité de raccorder le plus gracieusement possible des constructions dont les épaisseurs peuvent être très-différentes. En général, ils auront une forme analogue à celle qu'on leur donne communément, c'est-à-dire celle d'un tronc de cône, ou de pyramide, ou d'une corbeille plus ou moins ouvragée [1].

Matériaux qui conviennent à la construction des soutiens isolés. — On emploie ordinairement à la construction des soutiens isolés :

1º Les pierres de diverses natures;
2º La brique;
3º La fonte;
4º Le fer forgé.

Nous pourrions y ajouter le bois, mais cette substance doit être rejetée, à cause de son peu de durée, pour les constructions monumentales.

Recherchons laquelle des substances ci-dessus énumérées est de l'emploi le plus avantageux.

C'est à des efforts d'écrasement que les soutiens isolés ont principalement à résister. La connaissance des coefficients de résistance à l'écrasement de ces diverses substances est donc la première chose à constater.

Il serait superflu de rapporter ici les résultats des nombreuses expériences faites par Perronnet, Gauthey, Soufflot, Rondelet, Barlow, Duleau et beaucoup d'autres sur la résistance des pierres et du fer; nous nous bornerons à consigner dans le tableau suivant les moyennes de ces résultats d'expériences. Nous renvoyons, pour le surplus, aux ouvrages originaux ou à celui de Navier (*Résumé des leçons sur l'application de la mécanique aux constructions*), où l'on en trouvera un résumé assez complet [2].

---

[1] On pourrait aussi les supprimer, comme on l'a fait dans beaucoup d'églises du quinzième siècle, et raccorder immédiatement les arcades et les voûtes à leurs supports par des nervures.

[2] Page 3 à 14.

SUR L'ARCHITECTURE DES ÉGLISES.

TABLEAU des coefficients moyens de résistance à l'écrasement et des limites de charge permanente, relatifs aux matériaux employés à la construction des soutiens isolés.

DÉSIGNATION DES SUBSTANCES.	COEFFICIENT DE RÉSISTANCE A L'ÉCRASEMENT.	LIMITES des CHARGES PERMANENTES.
	Kilog.	
Pierre bleue (petit granite) [1].	4,000,000	400,000
Pierre blanche (calcaire silicifère) [2].	1,000,000	100,000
Maçonnerie de briques.	400,000	40,000
Fonte.	100,000,000	20,000,000
Fer malléable.	40,000,000	8,000,000

Les chiffres de la 2ᵉ colonne indiquent les poids capables d'écraser, dans un temps très-court, un cube de la matière désignée, d'un mètre de côté; ceux de la 3ᵉ colonne donnent la charge, *par mètre carré*, que l'expérience a appris qu'on peut faire supporter, indéfiniment et sans danger, à la même substance. Il est important toutefois d'observer que ces derniers chiffres ne conviennent, savoir :

1º *Pour les pierres,* que pour autant que la longueur du soutien ne dépasse pas 10 à 12 fois le diamètre ou le plus petit côté de la section transversale [3]; pour des proportions plus grêles, ces nombres devraient probablement être réduits, mais dans une proportion qui n'a pas encore été déterminée;

2º *Pour la fonte,* que pour autant que la plus petite dimension transversale ne soit pas contenue plus de 4 fois dans la longueur.

Pour 8 fois, le coefficient doit être réduit à   k. 10,000,000
Pour 20 fois,   —   —   à   k. 4,000,000
Pour 36 fois,   —   —   à   k. 1,300,000

3º *Pour le fer malléable,* que pour autant que la petite dimension transversale n'entre pas plus de 8 fois dans la hauteur.

---

[1] Rondelet désigne cette pierre sous le nom de *marbre de Flandre*, dit *cervelas*. Ses expériences lui assignent une résistance de 4230 kilogrammes à peu près par décimètre carré. (*Art de bâtir*, t. I, p. 214.)

[2] A défaut d'expériences précises sur nos pierres de construction, nous avons supposé que ce calcaire a une résistance à peu près égale à celle du calcaire oolithique éprouvé par Vicat. (Voir les résultats d'expériences faites par cet ingénieur dans l'*Introduction à la mécanique industrielle, physique ou expérimentale* de Poncelet, p. 310, 2ᵉ édition.)

[3] Observons toutefois qu'à l'église de Saint-Martin d'Angers les colonnes qu'on a déjà eu l'occasion de citer portent encore plus du $\frac{1}{10}$ de la charge d'écrasement de la pierre dont elles sont formées.

Lorsqu'elle y est contenue 12 fois, il faut réduire le coefficient à 7,000,000
— 24 fois, — 4,000,000
— 36 fois, — 2,700,000

Afin de pouvoir comparer entre elles ces diverses substances, prenons-les toutes sous forme de pilier taillé dans les proportions de 8 fois la plus petite dimension transversale dans la hauteur. On trouve que l'on obtient un degré de résistance égal avec une superficie de base de

1.00 mètre carré en employant la brique.
0.40 — — la pierre blanche.
0.10 — — le petit granite.
0.004 — — la fonte.
0.005 — — le fer.

Si l'on remarque, d'un autre côté, que le prix du mètre cube de maçonnerie de briques étant représenté par 1
Celui du même volume de pierre blanche est égal à 4
Idem de petit granite à 8
Idem de fonte à 110
Idem de fer à 189 [1]

L'on trouve que, pour obtenir un égal degré de résistance, il faut dépenser, savoir :

En employant la brique 1 fr.
— la pierre blanche 1 60
— le petit granite 0 80
— la fonte 0 44
— le fer 0 94

D'où il suit, qu'à part toute autre considération, la fonte est, de toutes ces substances, celle qui offre le plus d'avantage.

Les observations suivantes serviront encore à mieux établir sa prééminence sur tous les matériaux pierreux.

Lorsqu'on construit une colonne ou un pilier en pierre, on doit nécessairement le faire plein. Non-seulement il n'y aurait aucun bénéfice à l'évider, mais il en résulterait au contraire un surcroît de dépense très-notable. Avec la fonte c'est tout différent, et l'évidement est chose toute naturelle et d'une exécution facile et économique. Cette propriété constitue un avantage peut-être plus considérable encore que celui qui résulte de la grande résistance de

---

[1] Le prix du mètre cube de maçonnerie de briques est moyennement de 15 francs, celui de la pierre blanche 60 francs, celui du petit granite 120 francs, celui de la fonte (7,200 kil. au mètre cube) de 1656 fr., et finalement celui du fer (7800 kil. au mètre cube) de 2830 francs.

SUR L'ARCHITECTURE DES ÉGLISES.

cette matière. En effet, en faisant usage de la pierre, il n'est pas toujours possible de donner au pilier ou à la colonne la section que leur assigne le calcul, tandis que la chose est toujours réalisable quand on emploie la fonte.

Rendons cela sensible par un exemple :

On veut construire une colonne de 16 mètres de haut, propre à supporter un poids de 20000 kilogrammes. Nous supposons qu'on se serve du calcaire petit granite. On trouve qu'il suffit, pour supporter ce poids, d'une section égale à 5 décimètres carrés de superficie ; ce qui donne un volume de 900 [1] décimètres cubes de matière et un diamètre de 0^m25 environ [2].

Or l'on voit que cette dernière dimension serait comprise 64 fois [3] dans la hauteur, ce qui rendrait le soutien tellement grêle qu'on pourrait craindre de le voir se briser sous le moindre choc latéral. On serait donc obligé d'augmenter le diamètre dans une proportion assez forte et d'user ainsi plus de matière que cela ne serait nécessaire sans cette dernière circonstance. En adoptant la proportion ($\frac{1}{20}$) des colonnes de Saint-Martin d'Angers, que l'on considère comme une des choses les plus hardies réalisées, il leur faudrait 0^m80 de diamètre ; ce qui donne une section de 50,2 décimètres carrés et un volume de plus de 8 mètres cubes.

En employant la fonte dans la même proportion de $\frac{1}{20}$, on trouve qu'il faudrait à la colonne, pour qu'elle résistât convenablement, une section de base égale à $\frac{1}{2}$ décimètre carré ; ce qui donne un volume de 80 décimètres cubes.

Si l'on calcule maintenant le prix des deux colonnes, on trouvera que la première coûtera, au taux de 120 fr. le mètre cube de pierre, 960 fr., tandis que la seconde, au taux de 1656 fr. le mètre cube de fonte, n'exigera qu'une dépense de 132 fr. 48 c.

La condition de faire une colonne en fonte, dans les proportions de 16 mètres de haut sur 0^m80 de diamètre avec une aussi petite quantité de matière, ne serait pas d'ailleurs irréalisable [4]. Car il faut remarquer qu'on pourrait non-seulement la faire creuse, mais encore pratiquer des *jours* dans sa paroi, ainsi qu'on l'a fait notamment aux supports des ponts suspendus de Seraing sur la Meuse, et de Cubzac sur la Dordogne (département de la Gironde) [5].

---

[1] 600 *au manuscrit.*
[2] 0,23 *environ au manuscrit.*
[3] *A peu près* 64 *fois au manuscrit.*
[4] *Serait d'ailleurs facilement réalisable au manuscrit.*
[5] *En faisant le soutien dans la proportion de* $\frac{1}{16}$, *ce qui n'offre aucun inconvénient avec la fonte, il lui faudrait une section portante de* $0^{m^2}0154$; *la quantité de matière employée serait de* $0^{m^3}2464$ *et le prix de revient du soutien de fr.* 408,04 ; *il serait dans ce cas très-facilement exécutable.*

Nous pensons donc, d'après ces considérations, que la fonte offre des avantages économiques tout particuliers, relativement à la pierre, pour la construction des soutiens isolés de toute espèce. Nous n'avons pas besoin d'ajouter, en sa faveur, que si, par leur destination, ces constructions ont besoin d'être plus ou moins décorées de moulures, de bas-reliefs ou d'ornements quelconques, la propriété qu'elle a de se mouler sous toutes les formes imaginables, permettra de leur donner à peu de frais une richesse qu'on n'obtiendrait, avec la pierre, qu'au prix de dépenses souvent excessives.

COMBLES. *Forme qui leur convient.* — La question de la forme à donner aux combles des édifices dont le plan est un rectangle allongé ou bien une combinaison de deux rectangles qui se coupent à angle droit, est extrêmement simple à résoudre. Il faut nécessairement les composer, pour satisfaire à la fois aux convenances d'économie et d'une facile exécution, de surfaces planes, parallèles aux longs côtés des rectangles et plus ou moins inclinées selon la nature des matériaux de couverture.

La question de l'inclinaison à donner aux versants est plus controversable, comme nous l'avons fait voir au chapitre précédent.

Il serait superflu de revenir sur ce qui y a été dit. Complétons seulement nos précédentes [1] observations en ajoutant que pour les couvertures en métal, que nous aurons à comparer tout à l'heure à celles en ardoises sous le rapport économique, l'angle d'inclinaison avec l'horizon peut être beaucoup moindre que 45° et même être égal à zéro. Cependant on conseille de ne pas l'abaisser sans nécessité au delà de 21 degrés [2].

Les combles sont supportés par un système de fermes en charpente dont la forme peut être variée à l'infini et produire, lorsqu'elles sont visibles à l'intérieur, des effets très-différents.

A ne les considérer que sous le rapport de leur solidité et de leur résistance, elles doivent toutes satisfaire aux deux conditions suivantes :

1° Les arbalétriers qui entrent dans leur composition ne doivent prendre aucune courbure sensible sous la charge du toit.

2° Ces mêmes arbalétriers ne doivent exercer, contre les murs sur lesquels ils s'appuient, aucune poussée horizontale.

On satisfait à la première de ces deux conditions en donnant aux arbalétriers des aquarrissages convenables et en outre en les soutenant par des assemblages de pièces différemment combinées.

---

[1] *Ces observations* au manuscrit.

[2] Poncelet conseille même de ne pas la tenir au-dessous de 24 degrés pour les couvertures en zinc. (*Mémorial de l'officier du génie*, t. VII, p. 250.)

On satisfait généralement à la seconde en réunissant le pied des arbalétriers par un *entrait* ou *tirant* qui annule leur poussée contre les murs.

On peut cependant encore satisfaire à cette dernière condition, mais jusqu'à un certain point seulement, en employant d'autres systèmes que l'on peut considérer comme d'une invention beaucoup plus récente et dont l'effet est de beaucoup supérieur à celui des fermes ordinaires à entrait.

Ces systèmes sont ceux dont l'idée mère est due à Philibert de Lorme, architecte français du seizième siècle.

Dans son état primitif la ferme de Philibert de Lorme était composée d'arcs circulaires formés de deux doubles de planches clouées de champ, en liaison les unes contre les autres. Le comble se composait d'un système d'arcs de cette espèce, espacés d'environ 60 centimètres (2 pieds), réunis par des liernes qui les traversaient de part en part et les fixaient, dans leur position, au moyen de clefs en bois. Les combles ainsi constitués n'étaient propres qu'à recevoir des couvertures en feuilles métalliques. Pour les rendre susceptibles d'être couverts en matériaux rigides comme les ardoises, Philibert de Lorme assembla à ses arcs un système angulaire de planches faisant fonctions d'arbalétriers, et qu'il y réunit au moyen de moises pendantes en planches comme le restant de la charpente [1].

Plus tard on agrandit l'idée de Philibert de Lorme tout en lui laissant son originalité, on forma les fermes d'arcs beaucoup plus solides, mais toujours composés de planches, de madriers ou de pièces d'un petit équarrissage solidement assemblés, et l'on y réunit, par des moises verticales ou perpendiculaires à l'arc, des arbalétriers véritables; on augmenta en un mot toutes les dimensions transversales du système de Philibert de Lorme, de telle manière que l'on put écarter les fermes de 2 à 3 mètres l'une de l'autre, sans que pour cela elles fléchissent ou poussassent davantage que celles du système primitif. Ces fermes portèrent alors, comme les fermes ordinaires, des cours de pannes supportant des chevrons distribués uniformément et sur lesquels on clouait le lattis ou la volige.

Parmi les diverses combinaisons qui furent inventées pour construire les arcs ou hémicycles, on doit citer celles de Lacaze, qui les fit en pièces de bois entées l'une à l'autre à trait de Jupiter, et du colonel Emy qui les forma de longs madriers flexibles, superposés à plat et maintenus, suivant la courbure voulue, par un boulonnage solide. Plus fréquemment, on a proposé d'employer

---

[1] Voir, au surplus, pour la description de ces fermes et de celles dont il sera question plus loin, Émy, *Traité de l'Art de la Charpenterie*, t. II, p. 159 et suivantes.

la fonte à la construction des arcs, et la charpente de l'entrepôt de Gand est l'un des plus beaux exemples que nous puissions citer de la réalisation de cette idée.

Longtemps on a attribué à ces charpentes en arc une rigidité indéfinie et une poussée nulle contre les murs ; mais cette hypothèse, admise avec trop de sécurité peut-être par des praticiens, avait été attaquée à plusieurs reprises par les théoriciens, qui démontraient, à l'aide de savantes formules, que cette poussée, loin d'être nulle, devait être assez considérable [1]. Un savant ingénieur, M. le chef de bataillon du génie Ardant, entreprit d'éclaircir cette question. Les belles expériences qu'il a faites, et dont les résultats sont consignés dans un mémoire plein d'intérêt [2], ne doivent plus laisser le moindre doute sur la réalité de la poussée de ces sortes de charpentes contre les murs. Toutefois la théorie, aussi bien que l'expérience, indique qu'on peut en annuler à peu près les effets, en rigidifiant convenablement le système; ce qui fait voir, en dernière analyse, que les praticiens avaient à peu près aussi raison que les théoriciens. Seulement il est possible que, pour obtenir le degré de rigidité convenable, on soit dans l'obligation de faire une dépense un peu plus forte que si l'on employait des fermes ordinaires. C'est là au surplus une question qui ne saurait être résolue d'une manière générale, et en fût-il toujours ainsi, ce ne serait pas un motif suffisant pour proscrire l'emploi de ces charpentes auxquelles les autres ne sauraient être comparées sous le rapport de l'élégance.

Nous pensons donc que ces charpentes cintrées pourraient être appliquées avec avantage aux combles des églises qui doivent rester apparents. Elles tendraient, sans aucun doute, à leur donner un air de grandeur et en même tems d'originalité, qui les distinguerait des anciennes basiliques, où de pareilles combinaisons n'ont jamais été employées. Elles se prêtent d'ailleurs mieux que toutes les autres à une décoration gracieuse ; enfin c'est, à notre avis, une des inventions dont on pourrait tirer le meilleur parti pour les constructions religieuses.

Les charpentes cintrées ont encore donné l'idée de quelques autres combinaisons dans lesquelles on procure, par d'autres moyens, la rigidité nécessaire aux arbalétriers et aux pièces qui s'y assemblent, de manière à diminuer l'action de leur poussée contre les murs. Nous citerons notamment celle

---

[1] Voyez, entre autres, Navier, *Application de la mécanique aux constructions*, t. I, p. 291 et suivantes.

[2] *Études théoriques et expérimentales sur l'établissement des charpentes à grande portée.*

imaginée par le colonel Emy et dont on trouvera la description dans son *Traité de l'Art de la Charpenterie*, t. II, p. 264.

Matériaux propres à la construction des combles. — Un comble se compose de deux parties :
1° De la couverture proprement dite ;
2° D'un système de fermes sur lequel est portée la couverture.

Examinons séparément, pour chacune de ces deux choses, quelles sont les substances les plus propres à donner tout à la fois la construction la plus économique, de plus longue durée, et à parer le plus efficacement au danger des incendies. Cette dernière considération est ici de rigueur à cause de l'emploi fréquent du bois dans cette partie de l'édifice.

Nous avons déjà renseigné au chapitre II quels sont les matériaux de couverture que produit la Belgique, ce sont : la tuile, l'ardoise, le zinc, le fer et la fonte.

La manière d'employer la tuile et l'ardoise est assez connue pour qu'il soit inutile d'entrer ici dans des détails à cet égard ; mais il peut l'être moins de dire quelques mots au sujet de l'emploi des métaux qui ont été mis en œuvre de différentes manières.

1° On a employé le fer en tôle étamée ou à l'état de *fer-blanc*. Ce genre de couverture est surtout très-fréquemment en usage en Prusse et en Pologne.

2° En tôle peinte à l'huile. Cette espèce de couverture est aussi fort employée en Pologne, en Allemagne et en Russie. Les églises de Vitepsk, de Smolensk, de Mojaisk, de Moscou, sont couvertes en feuilles de tôle peintes en vert, en rouge ou en couleur d'ardoise. Les bâtiments militaires de Saint-Pétersbourg et de Moscou, les immenses et superbes pavillons élevés au centre des divers villages qui forment chaque colonie militaire où l'on a réuni les logements des états-majors, les magasins, les salles d'exercice, l'hôpital, l'église, l'école militaire, etc., sont également couverts en tôle de fer sous l'angle de 21 degrés [1]. On n'a fait qu'un petit nombre d'applications de ce genre de construction en Belgique; nous n'avons à citer, comme une des plus importantes, qu'un hangar construit tout récemment dans la station du chemin de fer de l'Etat à Braine-le-Comte.

3° En tôle cannelée ou gaufrée. Cette invention, dont la date ne remonte qu'à quelques années, a été utilisée en grand en Angleterre où elle a pris naissance. On a couvert avec de la tôle de cette espèce divers hangars des docks de Londres, la gare de la station du chemin de fer de Londres à Black-

---

[1] De Belmas, Mémoire sur les couvertures des bâtiments militaires. (*Mémorial de l'officier du génie*, t. III, p. 111.)

wall et beaucoup d'autres constructions moins importantes. En Belgique, nous ne connaissons encore qu'un exemple de son application : c'est un hangar en appentis dans l'établissement de Seraing, qui seul possède, jusqu'à présent, une machine propre à fabriquer cette tôle [1].

La tôle gaufrée paraît avoir un grand avantage sur la tôle ordinaire : c'est la grande rigidité qu'elle présente à épaisseur égale. Cette rigidité est telle que, sous l'épaisseur de 0^m0013, des feuilles de tôle gaufrée se tiennent sans flexion sensible sur des cours de pannes distants de deux mètres, et sans être soutenues par aucune autre pièce de bois. Il suffit même d'assembler les feuilles les unes aux autres au moyen de rivets ; et de courber l'ensemble sous forme d'arc, même très-surbaissé, pour obtenir des espèces de couvercles qui se maintiennent parfaitement sans se déformer quand ils sont posés sur de simples sablières. C'est ainsi que sont couverts les hangars des docks de Londres et la gare du chemin de fer de Blackwall. La couverture n'a pourtant pas moins de quinze mètres de portée dans ce dernier édifice.

La fonte n'a encore été utilisée que dans un petit nombre de cas. Nous n'en connaissons d'autre exemple, en Belgique, que le comble de l'entrepôt de Gand, construit par M. l'architecte Roelandt. La fonte y est employée, comme on l'a fait en Angleterre et en France, sous forme de grandes tuiles minces et à rebords qui ont 0^m60 de longueur sur autant de largeur, 0^m0025 d'épaisseur, et qui pèsent chacune environ $12\frac{1}{2}$ kilogrammes.

On a fait usage du zinc sous forme de feuilles laminées, soudées quelquefois les unes aux autres, mais le plus souvent assemblées à dilatation libre. Ordinairement les feuilles employées ont des dimensions fort grandes [2], mais on a essayé de les remplacer récemment à Paris par un système de petites feuilles connues sous le nom d'*ardoises de zinc*. Ce mode d'emploi paraît présenter quelques avantages sur l'autre ; mais il résulte des renseignements contenus dans un mémoire de M. le chef de bataillon du génie Poncelet, inséré au tome VII du *Mémorial de l'officier du génie* [3], que ces dernières espèces de couvertures reviennent en général à un prix plus élevé que celles à grandes feuilles, surtout celles du système à simple enroulement. On a fait également usage, dans la même capitale, d'ardoises de zinc *gaufrées*, qui jouissent, comme on se l'imagine aisément, d'une beaucoup plus grande rigidité

---

[1] *On peut ajouter à cet exemple la gare de la station de Verviers, que je ne connaissais pas à l'époque où j'ai écrit ces lignes.*

[2] Les feuilles de zinc laminé ont généralement une longueur de deux mètres et une largeur qui varie de 0^m50 à 0^m80.

[3] Page 203 de la réimpression belge.

que les autres. Mais cet avantage, et quelques autres que présente également l'emploi des ardoises gaufrées, est acheté par une surélévation de prix assez notable. Nous ne pensons pas qu'aucun de ces derniers systèmes ait encore été essayé en Belgique [1].

Afin de découvrir, parmi toutes les espèces de couvertures qu'on peut faire en employant la tuile, l'ardoise, le fer, la fonte et le zinc, celle qui est la plus avantageuse sous le rapport économique, nous ferons pour Bruxelles les mêmes calculs que M. le commandant de Belmas a faits pour Paris dans le mémoire déjà cité [2]. Ces calculs consistent à évaluer le prix de revient du mètre carré d'espace couvert avec ces diverses matières, après une période de cent années. On ajoute, à cet effet, au capital primitif ou des frais d'établissement :

1° Les intérêts cumulés pendant cent ans de ce capital, ce qui revient à le multiplier par fr. 131.50 ;

2° Les frais d'entretien de la toiture pendant cent ans, avec les intérêts accumulés pendant cette période, ce qui revient à multiplier par fr. 2740.50 le prix d'entretien annuel ;

3° Enfin le prix, avec les intérêts cumulés, des renouvellements nécessaires pendant le même terme.

On comprend d'ailleurs que, dans cette évaluation, il est nécessaire de faire entrer le prix de premier établissement de la charpente, parce qu'en raison, soit de la moindre inclinaison que demandent certaines matières de couverture, soit à cause de leur moindre poids, on peut réaliser sur la charpente des économies qui peuvent faire disparaître, en totalité ou en partie, le désavantage résultant du prix plus élevé de ces matériaux de couverture.

Nous admettrons comme base de nos calculs les mêmes données que celles adoptées par M. de Belmas, pour ce qui concerne les cubes de charpente qui entrent dans les diverses espèces de toitures ; nous y ajouterons seulement à toutes 0.03 mètre cube pour les tirants que cet auteur a omis, pour des raisons particulières, de faire entrer en ligne de compte, mais qui doivent y figurer pour le cas que nous considérons.

Nous admettrons également ses évaluations de frais d'entretien annuel et de

---

[1] Il ne nous paraît pas douteux qu'on pourrait donner au zinc tous les avantages de la tôle cannelée en le gaufrant *en grandes feuilles*. Comme ce métal ne se rouille pas, ainsi que le fer, et que, au contraire, la légère pellicule d'oxyde dont il se couvre par l'exposition à l'air le soustrait rapidement à l'action ultérieure des intempéries, les toitures exécutées en zinc gaufré en grandes feuilles pourraient devenir d'un emploi très-avantageux.

Depuis que ce passage a été écrit, j'ai vu une toiture de cette espèce exécutée sur un bâtiment très-considérable d'une fabrique située entre Liége et Huy sur la Meuse.

[2] *Mémorial de l'officier du génie*, t. III, p. 74 et suivantes. (Réimpression belge.)

renouvellement ; seulement, nous croyons devoir faire subir une modification à celle qu'il a adoptée pour les renouvellements des toitures en ardoises. M. de Belmas n'assigne en effet aux couvertures de ce genre que vingt-cinq ans de durée, tandis que, d'après les couvreurs de Bruxelles, nos ardoises d'Herbeumont et de la Géripont auraient une durée moyenne de soixante et quinze ans [1], et qu'on a des exemples de toitures de cette espèce qui ont duré deux siècles [2]. Nous prendrons donc comme base de notre calcul la période de renouvellement des toitures en ardoises égale à soixante et quinze ans au lieu de vingt-cinq.

En partant de ces données, nous avons dressé le tableau suivant dont tous les éléments et les détails se trouvent dans la note F.

TABLEAU

du prix de revient, au bout de 100 ans, de diverses espèces de toitures par mètre carré d'espace couvert [3].

DÉSIGNATION des MATÉRIAUX DE COUVERTURE.	FRAIS DE PREMIER ÉTABLISSEMENT.	DÉPENSE AU BOUT DE 100 ANS CAPITAUX ET INTÉRÊTS.	Observations.		
	Fr. C.	Fr. C.			
Ardoises sous l'angle de 60 degrés. . .	24,40 [4]	3464,41 [8]	En supposant une durée de	75	ans.
Ardoises sous l'angle de 45 degrés. . .	19,27 [5]	2718,47 [9]	»	75	»
Ardoises sous l'angle de 33 degrés. . .	18,03	2576,36 [10]	»	50	»
Tuiles sous l'angle de 60 degrés. . .	17,60	2469,90	»	50	»
Tuiles sous l'angle de 45 degrés. . .	14,44	2009,26 [11]	»	50	»
Tôle de fer peinte sous l'angle de 21 deg.	14,81	2717,16	»	100	»
Tôle gaufrée sous l'angle de 21 degrés.	15,28	2778,97 [12]	»	100	»
Tôle courbée en arc de 1/10 de flèche. .	11,55	2288,47	»	100	»
Fonte (en tuiles) sous l'angle de 21 degrés.	24,14	5174,41	»	100	»
Zinc n° 14 sous l'angle de 21 degrés.	15,76 [6]	2102,70 [13]	»	75	»
Zinc n° 14 sous l'angle de 25 degrés.	17,16	2288,46	»	75	»
Zinc n° 14 sous l'angle de 33 degrés.	18,42 [7]	2454,86 [14]	»	75	»
Zinc n° 14 sous l'angle de 45 degrés.	21,08	2812,86	»	75	»
Zinc n° 14 sous l'angle de 60 degrés. .	27,60	3690,02 [15]	»	75	»

[1] Rapport de la commission des matériaux indigènes, instituée par arrêté de MM. les ministres des travaux publics et de la guerre des 19 et 27 février 1840, inséré aux *Annales des travaux publics*, t. II, p. 198.

[2] Idem, p. 199 et 200.

[3] *Ce tableau est entaché, au manuscrit, de quelques erreurs sans la moindre importance quant aux conclusions que j'en tire. Ces erreurs portent sur les chiffres, notés 4 à 15, qui étaient inscrits dans le tableau ainsi qu'il suit :* [4] *23 fr. 40,* [5] *20 fr. 33,* [6] *15 fr. 71,* [7] *17 fr. 42,* [8] *3474 fr. 01,* [9] *2719 fr. 49,* [10] *2573 fr. 44,* [11] *2003 fr. 65,* [12] *2778 fr. 77,* [13] *2096 fr. 12,* [14] *2321 fr. 77,* [15] *3687 fr. 90.*

Il résulte de la comparaison des chiffres de ce tableau [1] :

1° Que l'emploi des couvertures en métal ne devient avantageux que pour des inclinaisons moindres que 45 degrés, puisqu'on voit que, sous cet angle, la couverture en zinc, dont le prix est relativement plus bas que celui des couvertures en fer, revient déjà à un prix plus élevé que la couverture en ardoises.

2° Que sous des angles d'inclinaison inférieurs à 45 degrés, les couvertures en zinc sont les plus économiques, et celles en fonte les plus chères. Sous l'angle de 21 degrés, ces dernières coûtent presque autant que les couvertures en ardoises sous l'angle de 60 degrés.

3° Que les couvertures en tôle gaufrée, malgré la suppression des chevrons et du lattis du toit, reviennent cependant à un prix plus élevé que les couvertures en tôle ordinaire. Ce qui provient de ce que le surcroît de main-d'œuvre qu'exige sa fabrication, et son plus grand développement pour couvrir une surface donnée (à cause des cannelures) est plus considérable que l'économie que l'on fait par la suppression des pièces de charpente susmentionnées. Mais la tôle gaufrée offre un avantage très-marqué sur la tôle ordinaire, quand elle est employée en forme de couvercle cintré; dans ce dernier cas elle peut presque rivaliser avec les toitures en zinc.

4° Que sous les angles de 45 et 60 degrés, la tuile donne des toitures d'un prix moins élevé que l'ardoise. Mais il faut observer que cet avantage disparaîtrait si la toiture devait rester apparente à l'intérieur, parce que le mauvais effet de cette espèce de couverture nécessiterait le revêtissage intérieur des chevrons, soit en panneaux de menuiserie, soit autrement. D'ailleurs, les tuiles ordinaires, auxquelles s'appliquent les prix du tableau, sont trop perméables dans les premières années de leur emploi, pour qu'on puisse les employer dans de telles conditions; il faudrait nécessairement se servir de tuiles vernissées, qui coûtent beaucoup plus cher. Enfin, il est à présumer que sur des édifices aussi élevés et aussi exposés au vent que les églises, ces toitures souffriraient beaucoup plus que dans les constructions ordinaires, et exigeraient un entretien bien plus coûteux que celui que nous avons admis d'après M. de Belmas. Ce sont présumablement ces raisons qui ont empêché, jusqu'à présent, d'en faire usage dans ces sortes d'édifices, et nous pensons qu'il convient de suivre les mêmes errements.

On ne saurait, après cela, donner une préférence absolue aux toitures en métal sur celles en ardoises et réciproquement, parce que ce sont, le plus souvent, les formes architectoniques qui décident de l'inclinaison des combles.

---

[1] *Il résulte de ce tableau* au manuscrit.

Tout ce qu'on peut dire relativement à cette question, c'est que, chaque fois que l'inclinaison du comble se rapprochera de 21 degrés, il y aura avantage à faire usage de couvertures en métal, tandis qu'il faudra donner la préférence aux couvertures en ardoises pour des pentes de 45 degrés et au-dessus.

Toutes les matières de couvertures que nous venons de comparer sous le rapport du prix de revient sont d'ailleurs à peu près aussi incombustibles les unes que les autres. Le zinc seul pourrait, dans certaines circonstances, brûler avec vivacité. Mais on admet généralement aujourd'hui que cette objection, qui a été faite à son emploi dans le principe, n'a que peu de valeur.

Les seules matières qu'on ait, jusqu'à présent, employées aux fermes des combles sont : le bois, le fer et la fonte. L'emploi du fer et de la fonte est même de date assez récente. Tous les édifices antérieurs au dix-huitième siècle ont encore leurs charpentes en bois, et ce n'est même, à vrai dire, que depuis trente ou quarante ans que les charpentes métalliques ont pris quelque faveur au détriment des charpentes ligneuses.

Avant d'établir une comparaison entre ces divers matériaux de construction, commençons par constater que les charpentes métalliques jouissent de l'avantage inappréciable d'une entière incombustibilité, en même temps que d'une durée indéfinie. On voit donc, de prime abord, que sous ce point de vue elles sont tout à fait hors ligne. Les bois peuvent bien, en effet, être rendus plus ou moins incombustibles, soit par une injection de phosphate ou de borate d'ammoniaque, soit par une peinture en *verre soluble* comme on l'a fait au théâtre de Munich; cependant, dans l'état actuel de la science, on ne les considère pas comme offrant, sous ce rapport, des garanties aussi complètes que le métal. D'ailleurs, cette injection et cette peinture doivent en augmenter le prix d'une manière assez notable ; mais nous manquons de renseignements suffisants pour l'établir; nous prions seulement de ne pas perdre cette circonstance de vue dans ce qui va suivre.

Toutes les pièces d'une ferme en charpente, quelque compliquées qu'elles soient, se trouvent toujours dans le cas de résister à des efforts d'extension, de compression ou de flexion. C'est d'après la grandeur de ces efforts et le degré de résistance que l'on veut obtenir que, dans les charpentes bien composées, la section transversale des pièces doit être déterminée. Toutefois, il faut observer que dans les charpentes en bois on est très-souvent obligé d'employer un surcroît de matière en pure perte, par la nécessité de donner aux pièces des dimensions qui permettent de les assembler solidement les unes aux autres.

D'après ces considérations, il suffira de connaître la résistance en même temps que la valeur relatives du bois, de la fonte et du fer pour en tirer immédiatement la conclusion que nous cherchons.

Nous avons rapporté plus haut les chiffres relatifs à la résistance du fer et de la fonte à la compression. Celle du bois de chêne (dont l'emploi est commandé dans des constructions monumentales) peut être estimée moyennement au $\frac{1}{7}$ de celle du fer et au $\frac{1}{22}$ de celle de la fonte, quand d'ailleurs il est employé dans les mêmes proportions. Il en résulte que, pour obtenir un égal degré de résistance, il faut employer :

Avec le bois, un volume de matière égal à 22.00
— le fer. 3.14
— la fonte. 1.00

Or, les prix relatifs de ces trois substances sont moyennement dans le rapport de 1 : 28.30 : : 16.56 [1].

D'après cela on trouve enfin que le même degré de résistance que l'on peut obtenir, en employant le chêne, moyennant une dépense de 22 fr., et avec du fer, moyennant une dépense de 88.86, peut être obtenu, en se servant de la fonte, avec une dépense de 16.56. L'on voit donc que, indépendamment des autres qualités de la matière et notamment de celle de pouvoir se mouler sur toutes les formes que réclame la solidité des assemblages ou la décoration, la fonte offre, pour les pièces soumises à des efforts comprimants, un avantage considérable.

Les résistances à l'extension ou plutôt les limites des charges permanentes qu'on peut faire porter à des prismes tirés dans le sens de leur longueur, sont moyennement exprimées par :

1 pour le chêne;
5 pour le fer;
4 pour la fonte.

D'où il suit que les sections transversales de ces diverses substances devront être dans les rapports suivants pour offrir un égal degré de résistance :

5 pour le chêne.
1 pour le fer.
1.26 pour la fonte.

Appliquant à ces données les prix relatifs mentionnés ci-dessus, on trouve que la dépense est dans le rapport de

5 pour le chêne;
28.30 pour le fer;
20.86 pour la fonte.

Il ressort [2] de cet aperçu que l'emploi du bois dans les charpentes pour les

---

[1] Le chêne coûte moyennement 100 francs le mètre cube, le fer 2830 fr., et la fonte 1656 francs.

[2] *Il résulte* au manuscrit.

pièces soumises à des efforts d'extension, est très-économique relativement à la fonte et au fer. La dépense qui en résulte est environ six fois moindre que celle qu'entraîne l'emploi du fer forgé, et quatre fois moindre que celle qui résulte de l'emploi de la fonte.

Cependant cette conclusion nécessite une observation importante et qui doit bien souvent changer l'état des choses. Elle suppose que le bois pourra toujours être employé sous les dimensions qu'assignent les calculs et, nous l'avons déjà dit précédemment, les assemblages rendent fréquemment la chose impossible. La nécessité de leur donner une résistance suffisante contre des chocs latéraux accidentels est encore une circonstance qui oblige souvent à augmenter ces dimensions.

Un exemple fera peut-être mieux ressortir la vérité de cette remarque. Le poinçon, dans les charpentes bien combinées, n'a d'autre fonction importante à remplir que de soutenir l'entrait ou le faux-entrait pour les empêcher de fléchir sous leur propre poids. Supposons un entrait de 10 mètres de longueur et de 30 sur 20 centimètres d'équarrissage en bois de chêne pesant environ 950 kilogrammes le mètre cube. Le poids de cette pièce que nous considérons, pour plus de sécurité, comme suspendu en entier à l'extrémité du poinçon sera de 570 kilogrammes. Le bois de chêne peut supporter indéfiniment et sans le moindre danger *un kilogramme par millimètre carré de section transversale;* il en résulte que le poinçon aurait une force suffisante pour résister à l'effort de traction auquel il est soumis avec une section de 570 millimètres carrés, c'est-à-dire avec un équarrissage de 24 *millimètres de côté.* Mais comme sous de telles dimensions il n'offrirait pas suffisamment de sécurité contre l'action d'un choc latéral, on est obligé, à part toute autre considération, d'augmenter de beaucoup son équarrissage; tandis que le fer forgé, même sous la forme d'un simple fil, offre sous ce point de vue toute la solidité désirable.

La différence entre le prix des pièces de fer malléable et de celles de fonte est d'ailleurs assez petite pour qu'on n'en tienne pas compte; en outre la fonte offrirait les mêmes inconvénients que le bois à un degré peut-être même plus marqué quant aux effets des chocs latéraux.

Ces considérations, jointes à celle de la complète incombustibilité du fer, semblent nous autoriser à indiquer le fer forgé comme la substance la plus propre à former les pièces qui ne sont soumises qu'à des efforts de traction dans les fermes des combles.

Enfin le chêne, le fer et la fonte, soumis à des efforts de flexion, peuvent supporter des charges permanentes exprimées relativement par :

     1 pour le bois;
     10 pour le fer;
     12.50 pour la fonte;

il en résulte qu'on obtient un égal degré de résistance avec des sections ou des volumes, dans le rapport de :

       12.50 pour le bois;
       1.25 pour le fer;
       1 pour la fonte;

et avec une dépense de :

       12.50 pour le bois;
       35.38 pour le fer;
       16.56 pour la fonte.

Le bois n'offre donc qu'un avantage assez minime sur la fonte; et en présence des autres qualités de cette dernière matière que nous avons déjà plus d'une fois mises en évidence, il nous paraît qu'on ne devrait pas hésiter à la substituer au bois, dans les constructions importantes, pour les pièces soumises à des efforts de flexion [1].

Récapitulons actuellement les modifications que nous croyons pouvoir être réalisées dans les diverses parties de l'édifice.

Nous plaçons, au nombre des plus importantes, l'emploi de soutiens isolés en fonte et de combles en métal.

Nous mettrons en seconde ligne l'emploi de la fonte dans les nervures des voûtes. Si l'on ajoute à ces modifications qui, à elles seules, suffiraient pour donner un cachet tout particulier à nos édifices :

1° L'indépendance la plus absolue sous le rapport de la distribution et de l'espacement des soutiens, que nous n'astreignons à d'autres règles que d'entraver le moins possible l'espace intérieur et d'avoir une force suffisante;

2° Les modifications qu'il convient de faire subir aux profils des murs, ainsi que des cordons et des corniches qui les divisent, les couronnent ou les décorent, et qu'on peut varier de mille manières sans pécher contre les exigences du climat;

3° L'emploi des charpentes cintrées et sans entrait pour les églises non voûtées.

On reconnaîtra qu'il y a là suffisamment de motifs de combinaisons neuves et originales.

Nous regrettons que le temps trop court, assigné pour la remise de notre mémoire, ne nous permette pas de donner quelques exemples de l'application

---

[1] Nous savons qu'on a articulé contre l'emploi de la fonte, lorsqu'elle doit être soumise à des efforts de flexion, le reproche de se briser parfois sans que rien n'annonce un pareil accident; mais nous pensons qu'on exagère souvent les conséquences de cet inconvénient. Dans tous les cas, il nous paraît évident qu'elles seraient beaucoup moins fâcheuses dans un comble bien composé que dans un plancher ou un pont, par exemple.

de ces idées ; mais nous sommes persuadé qu'il ne manquera pas de gens (plus habiles que nous d'ailleurs dans l'art du dessin architectural), pour suppléer aisément et complétement cette lacune.

Nous pourrions considérer notre tâche comme terminée, cependant on pourrait nous reprocher de ne rien avoir dit de l'emploi de la fonte aux ouvrages d'ornement ou de décoration et à la construction des clochers pour laquelle on l'a proposée et employée [1].

Quoique ce qu'il y a à dire à l'égard de ces différents points ne comporte pas le degré de précision que nous avons tâché d'apporter dans nos aperçus précédents, nous allons ici les examiner, et présenter [2] quelques considérations qui, si elles ne sont pas nouvelles, auront au moins le mérite d'être exposées et discutées avec impartialité.

On sait avec quelle facilité et quelle perfection l'on coule actuellement la fonte sous toutes les formes imaginables. Ce métal pourrait par cela même remplacer avantageusement le bronze pour les statues, les bas-reliefs, etc., si, comme lui, il possédait la précieuse propriété de se couvrir par l'oxydation d'une *patine* qui le mît ensuite à l'abri de l'influence de l'air, et lui permît ainsi de conserver pendant des siècles ses formes aussi pures que le jour où elles sont sorties du moule. Malheureusement la fonte se comporte tout différemment, et ce n'est qu'au moyen d'un entretien coûteux qu'on peut espérer de lui conserver jusqu'à un certain point ses formes primitives ; la rouille l'attaque et la corrode, quand elle est abandonnée à elle-même, avec une activité qui les aurait bientôt émoussées et oblitérées. Elle pourrait tout au plus rivaliser, dans ce dernier cas, avec les sculptures en pierre ou en bois, et le prix de revient des objets moulés en fonte serait présumablement alors un nouvel obstacle à leur emploi. L'emploi de la fonte ne peut, nous paraît-il, présenter quelque avantage que pour les objets qui se répètent un grand nombre de fois sous la même forme (circonstance qui réduit alors presque à rien les frais d'exécution du moule). Ainsi, les volutes, les feuilles et tous les ornements dont on décore les chapiteaux des colonnes et des pilastres, les modillons, les consoles, les rosaces, les entrelacs et tous les autres objets du même genre, pourront souvent être faits en cette matière avec une moindre dépense qu'autrement. Cependant il ne faut encore en user qu'avec sobriété et discernement. Il faut surtout se garder d'appliquer ces objets peints à des constructions en pierre, lorsque leur distance de l'œil du spectateur permet de découvrir aisément leur nature véritable. Ils forment alors un disparate choquant, une sorte de pastiche que ne

---

[1] Notamment à la cathédrale de Rouen.
[2] *Exposer* au manuscrit.

supportent pas les constructions monumentales. Les balustres en fonte peints en couleur grise dont on a eu la malheureuse idée de garnir le garde-corps du pont du Val-Benoît sur la Meuse, gâtent toute l'harmonie de ce beau monument.

L'emploi de la fonte à la construction des clochers peut être avantageux ou non, suivant différents cas.

S'il s'agit de clochers très-simples, c'est-à-dire composés d'une tour carrée ou polygone surmontée d'une flèche couverte en ardoises ou en métal, nous pensons que l'emploi de la fonte ne saurait être conseillé que pour remplacer quelques pièces de charpente de la flèche. Nous avons établi précédemment tout son désavantage à l'égard des maçonneries ordinaires et des matériaux de couverture, et nous croyons que ce désavantage subsisterait aussi bien dans ce cas-ci que dans ceux que nous avons spécialement examinés. Mais s'il est question, comme on en a mis l'idée en avant il y a quelques années, de faire servir la fonte à la construction de flèches découpées à jour comme celles de quelques-uns de nos vieux édifices, son emploi peut offrir des avantages tout particuliers et que nous allons tâcher d'établir.

Le premier, c'est qu'on peut faire creuses la majeure partie des pièces qui entreraient dans la composition d'un tel ouvrage. Par suite, elles seraient généralement d'un poids bien moindre que si elles étaient en pierre, bien que la fonte pèse environ trois fois plus que la pierre. Par exemple, supposons qu'on fasse entrer, dans la composition, des clochetons à base carrée de 0^m50 de côté. En pierre, ces clochetons devraient être massifs et exigeraient 250 décimètres cubes de pierre par mètre d'élévation, lesquels pèseraient environ 550 kilogrammes; en fonte, on pourrait les faire creux en donnant 0^m015 d'épaisseur. Le cube de matière employée serait alors seulement de 30 décimètres cubes à peu près, et son poids ne s'élèverait qu'à 216 kilogrammes [1], c'est-à-dire à moins de moitié [2]; nous ne tenons pas compte encore des jours qu'on pourrait percer dans les parois et qui le diminueraient encore de beaucoup [3]. Or c'est là une matière très-digne d'attention, car les frais de levage entrent souvent pour une plus forte part que le prix de la matière, dans la dépense des constructions de cette espèce.

Le second avantage, c'est d'offrir des moyens de liaison bien plus parfaits que la pierre. Les architectes gothiques, si habiles dans l'art d'ériger ces légères

---

[1] *Il y a dans le manuscrit*, 550,000 *kil. pour le poids par mètre d'élévation de clocheton en pierre et* 216,000 *kil. pour le clocheton en fonte. Cette erreur qui n'a aucune influence sur la valeur du rapport que je tire de ces chiffres, provient de ce que, par inadvertance, j'ai opéré sur des mètres cubes au lieu de décimètres cubes.*

[2] *A plus de moitié moins au manuscrit.*

[3] *Qui pourraient encore le diminuer au manuscrit.*

constructions, ont dû recourir, pour leur assurer la solidité nécessaire, à des complications d'appareil ou à des ancrages coûteux, et ils n'y ont pas toujours réussi. Avec la fonte, l'assemblage et la liaison deviennent si simples, si faciles et si solides en même temps, qu'une réunion de pièces nombreuses peut, avec un peu d'art et de soin, former une masse aussi résistante que si elle était coulée d'un seul jet.

Ces avantages permettraient de donner à ces constructions une légèreté qui pourrait dépasser de beaucoup tout ce que les gothiques ont imaginé et réalisé de plus féerique en ce genre, sans exiger pourtant des dépenses exagérées.

Nous n'avons pas besoin de faire remarquer qu'un clocher en fonte ne serait pas une des moindres choses propres à donner à l'édifice un cachet d'originalité très-prononcée.

Il ne nous reste plus maintenant que peu d'observations [1] à ajouter pour terminer ce chapitre.

Les progrès de la métallurgie sont, sans contredit, ceux qui permettent de réaliser aujourd'hui les plus grands changements dans l'art de bâtir. Mais, après eux, on peut encore en citer quelques autres dans certaines branches de la science et de l'industrie dont on peut aussi tirer parti, et dont nous nous sommes déjà servi pour justifier quelques-unes de nos appréciations et les changements qui en sont la conséquence.

Les architectes du moyen âge possédaient peut-être des notions assez complètes sur la résistance des matériaux et sur la poussée des voûtes ; mais ils ne nous ont rien laissé à cet égard. Leurs connaissances théoriques ou leurs secrets se transmettaient oralement, et nous n'avons pour en juger que la hardiesse de leurs monuments, qui pourrait être aussi bien le résultat de tâtonnements et d'expériences pratiques que d'une science plus relevée.

Quoi qu'il en soit, les notions théoriques que nous possédons actuellement sont de date plus récente. C'est à Galilée qu'on doit le premier essai d'une théorie de la résistance des matériaux, et l'on regarde Parent et Lahire comme les premiers mathématiciens qui aient soumis la poussée des voûtes au calcul. Ces théories ont été depuis lors reprises et perfectionnées par un grand nombre de savants ; l'on a fait de nombreuses expériences sur la force des bois, des pierres et des métaux, sur la manière dont se rompent les voûtes, etc. ; si bien qu'aujourd'hui la science est assez avancée pour qu'on puisse calculer les dimensions de toutes les parties d'un édifice de manière qu'elles résistent avec une force suffisante aux efforts auxquels elles sont soumises.

Faisons observer toutefois que ces recherches savantes et éminemment

[1] *De chose* au manuscrit.

utiles, dont le but était de faire progresser l'art de construire, n'ont eu jusqu'ici que fort peu d'influence. Cela provient sans doute de ce que les connaissances théoriques sont trop rarement alliées à l'expérience pratique, et réciproquement ; mais aussi et surtout, croyons-nous, de la crainte du blâme qu'on déverse trop facilement chez nous sur toute tentative nouvelle non couronnée d'un plein succès. C'est ce qui sera cause que nous nous traînerons encore longtemps à la remorque des Anglais, qui ont, sous ce rapport, des idées beaucoup plus larges.

L'art du trait et de la coupe des pierres est connu de longue date. Les monuments romains nous donnent la preuve que, déjà à cette époque, on savait appareiller des voûtes compliquées avec une rare perfection. On n'en trouve pourtant les premières traces écrites que dans les ouvrages de Philibert de Lorme, et ce n'est en réalité que depuis les beaux travaux de Monge sur la géométrie descriptive, qu'il a pris cette précision et cette clarté qui nous permettent actuellement de nous jouer des problèmes les plus difficiles. Nous n'avons donc rien à envier sous ce rapport aux gothiques, dont les appareils savants et compliqués frappent d'étonnement les personnes étrangères à la science ; nous croyons même que nous pourrions aller plus loin qu'eux.

La fabrication des mortiers a fait un pas immense depuis les beaux travaux de M. Vicat. On pourrait, avec divers mélanges de chaux, de sables, de ciments et de pouzzolanes, fabriquer des pierres artificielles très-solides et auxquelles on pourrait donner des formes géométriques ou très-ouvragées par le moulage. Les Anglais font avec leur *ciment romain* des ornements de toute nature, solides, durables, économiques : des statues, des bas-reliefs, des balustrades, des corniches, des chapiteaux de colonnes, des colonnettes, d'élégantes cheminées, etc. Nous sommes vraiment surpris que cette industrie n'ait pas encore été importée chez nous.

On a fait avec du *beton* des pierres artificielles capables de remplacer, à bas prix, les pierres d'appareil. On pourrait, avec des galets, des fragments de marbre ou de pierre diversement colorés former sur leur parement une sorte de mosaïque qui serait d'un bon effet pour certaines parties de constructions.

La fabrication des briques est restée à peu près stationnaire chez nous, tandis qu'elle a pris en Angleterre un perfectionnement remarquable. Non-seulement nos voisins d'outre-Manche façonnent des briques parallélipipédiques d'une exactitude de forme presque géométrique, mais ils font aussi des briques taillées en cavet, en quart de rond et de beaucoup d'autres formes propres à la confection des moulures. On en a fabriqué de cette espèce il y a quelques années pour la construction de l'église de Saint-Willebrord près d'Anvers, mais nous pensons que cet essai n'a pas eu d'autres suites. Il suffirait évidemment que les architectes donnassent l'impulsion nécessaire pour que bientôt nos briqueteries fussent à la hauteur de celles de l'Angleterre.

On peut en dire autant de la fabrication des tuiles ; tandis que nous nous en tenons exclusivement à nos tuiles en S qui sont certainement d'un bon usage pour les constructions ordinaires, les Anglais en façonnent d'une forme très-ouvragée et propre à produire sur les toits de leurs monuments une décoration originale et variée.

La charpenterie a réalisé quelques progrès qu'on peut utiliser. Nous avons déjà mentionné les charpentes cintrées de Philibert de Lorme, de Lacase et d'Emy, les charpentes non cintrées mais sans entrait. Le genre d'armature imaginé par M. Laves, architecte du roi de Hanovre [1], peut être employé à donner aux formes des combles une légèreté qu'on ne leur connaissait pas précédemment. Toutefois c'est surtout en y employant le fer en remplacement des pièces tirées dans le sens de leur longueur et la fonte en remplacement de celles qui sont comprimées dans le même sens, qu'on peut réaliser, dans cette partie des constructions, les améliorations les plus importantes.

Nous citerons encore, comme pouvant être utilisé dans quelques cas, l'emploi de la vapeur pour ramollir et courber sous des formes plus ou moins compliquées des pièces de bois d'un fort équarrissage. On pourrait notamment se servir de cette découverte (dans les constructions où l'on ne regarde pas à la dépense) pour former les arcs ou hémicycles des charpentes cintrées et pour obtenir certaines pièces réclamées par la décoration.

Enfin nous mentionnerons la découverte toute récente de procédés qui ont pour objet d'injecter les bois. Celui du docteur Boucherie de Bordeaux, qu'on doit citer comme le plus remarquable, permet non-seulement d'introduire, avec la plus grande facilité, dans la substance du bois, des matières conservatrices ou propres à en diminuer la combustibilité, mais en outre d'en colorer le tissu de toutes les nuances imaginables, en faisant réagir chimiquement les unes sur les autres des solutions convenablement préparées. Cette application pourrait être surtout utilisée dans les charpentes qui doivent rester apparentes et auxquelles on voudrait donner une certaine apparence de richesse [2].

---

[1] Ce genre d'armature consiste à fendre les poutres par un trait de scie dans le sens de leur longueur, à partir d'une petite distance de chaque extrémité, puis à écarter les deux morceaux l'un de l'autre, et à les maintenir écartés et arqués par des tasseaux placés dans la fente élargie. (Voir Émy, *Traité de l'Art de la Charpenterie*, t. II, p. 219.)

[2] *L'aspect d'une certaine richesse* au manuscrit.

APPENDICE.

DE LA DÉCORATION DES ÉGLISES.

Dans ce qui précède, nous avons laissé à part ce qui touche à la décoration des églises. Nous avons indiqué seulement, en passant, quelques dispositions propres à la rendre plus facile ou plus économique. Nous nous sommes réservé d'en dire ici quelques mots pour terminer notre travail.

Le caractère des édifices religieux, et des églises surtout, doit être noble et grand. On peut, quand les moyens le permettent, y joindre celui d'une certaine richesse. Mais il faut bien se garder, pour le faire paraître riche, de le couvrir d'ornements qui pourraient lui ôter de sa noblesse et de sa grandeur. En général nous pensons qu'il faut être très-sobre d'ornements accessoires; et s'il est un reproche qu'on ait articulé avec quelque fondement contre les œuvres gothiques, c'est qu'elles ne s'en montrent pas suffisamment dépourvues. Les monuments du quinzième siècle, malgré le luxe inouï de leur ornementation qu'on admire, ou plutôt à cause de cela, passent pourtant comme appartenant à la décadence de l'art. Une bonne disposition des masses, c'est-à-dire des murs, des contreforts, des colonnes, des piliers, des arcades, des voûtes, des combles, des clochers, doit constituer la véritable et la principale base de la décoration.

Nous n'avons pas la prétention de donner des règles à cet égard. D'une part, tout ce que cette partie de l'architecture a de positif se trouve exposé dans des ouvrages spéciaux, et ce serait sortir du cadre qui nous est tracé que d'en parler ici; d'autre part, nous pensons qu'on ne saurait déterminer d'une manière générale et fixe ce qu'il faut observer pour donner, aux lignes tant intérieures qu'extérieures d'un édifice, un aspect tout à la fois noble, sévère et agréablement accidenté. Cela nous paraît être du ressort du génie.

Nous essayerons seulement, dans ce qui va suivre, de donner quelques indications sur ce qu'on peut appeler la *décoration accessoire*.

Après la forme générale des masses, l'une des premières choses susceptibles de frapper la vue et de varier l'aspect des édifices, c'est l'appareil des maçonneries. Il est rare de nos jours qu'on emploie à leur construction des pierres d'un fort volume taillées selon les règles de la stéréotomie, et plus rare encore qu'on fasse usage de marbres précieux, même en placage. On pourrait cependant, sans se lancer dans des dépenses bien considérables, donner aux murs un aspect moins monotone que celui qu'ils offrent dans nos édifices modernes. D'abord les compartiments formés par les contreforts, les chaînes horizontales, les encadrements des fenêtres, peuvent être marqués par des pierres d'une nature et d'une couleur différentes de celles du corps de la muraille. Quant à celui-ci, on pourrait le composer, comme dans les édifices romano-byzantins notamment, de pierres diversement colorées et arrangées de manière à former des espèces de mosaïques. On imaginera aisément combien seraient nombreuses et variées les combinaisons qu'on pourrait faire avec des matériaux aussi diversifiés que ceux que produit le sol de la Belgique¹.

Les murs peuvent être décorés de sculptures en ronde-bosse ou en bas-relief; mais nous pensons qu'il faut en user très-sobrement, d'abord parce qu'une trop grande exubérance de sculptures peut enlever aux édifices sacrés quelque chose de leur gravité et de leur grandeur, et en second lieu à cause de l'énorme dépense qu'exigent, dans l'état actuel de la société, les travaux de ce genre. Dans tous les cas, si les limites de la dépense ne sont pas un obstacle à ce qu'on les emploie, il convient de les disposer par bandes parallèles séparées par des parties nues qui serviront à les faire mieux ressortir. On trouvera dans les édifices du moyen âge d'excellents modèles à imiter. Nous ne pensons pas toutefois qu'il soit indispensable de copier servilement la roideur qu'on remarque dans les statues des monuments de cette brillante époque; on peut s'approprier l'expression religieuse et contemplative des figures, la disposition et le modelé des draperies, mais il nous semble au moins superflu de faire encore des figures disproportionnées, longues et effilées comme si elles avaient passé au laminoir. Les statues ou les bas-reliefs pourront d'ailleurs être encadrés dans des niches ou des compartiments ornés de colonnettes ou de nervures, de dais et de pinacles sculptés à jour, comme on en trouve tant

---

[1] Nous fabriquons des briques jaunes et bleues; nous possédons des calcaires bleus, gris, noirs et blancs, sans compter une immense variété de marbres; des grès de toutes les nuances, de gris, de jaune et de rouge, des porphyres verts, etc., etc.

d'exemples dans les édifices gothiques, mais d'un dessin en harmonie avec le style adopté.

Les édifices du moyen âge offriront encore de beaux modèles sur lesquels on pourra s'inspirer pour la décoration des corniches et des frontons ou pignons. Mais qu'on évite de les copier servilement ; qu'on n'oublie pas que les plus belles copies n'ont, dans les arts, qu'une valeur très-médiocre. Un peintre qui copierait toute sa vie les plus belles pages de Rubens ou de Van Dyck ne pourrait jamais prétendre à quelque célébrité. Il en est de même d'un architecte : qu'il fasse du style ogival ou plein-cintre, du gothique ou de la renaissance, s'il ne fait que reproduire fidèlement les œuvres de ses devanciers. Les gothiques ne se copiaient pas ; au contraire, tous leurs efforts tendaient à créer, pour chaque nouvel édifice, des formes neuves et originales. Quelle immense variété de dessins ne nous ont-ils pas léguée dans leurs roses et leurs fenêtres, dans l'intersection des nervures, dans les chapiteaux, les bases des colonnes, les tympans des portails, les frontons, et jusque dans les moindres détails?

Cherchons à faire comme eux. Le génie de l'invention ne doit pas être plus éteint de nos jours que de leur temps. Étudions encore, pour les reproduire avec art, les œuvres de la nature : ils n'en ont pas épuisé toutes les combinaisons ; l'éternelle reproduction des mêmes motifs de décoration, même les plus gracieux, finit par devenir insipide et monotone : qu'on laisse cette décoration de pacotille aux devantures de boutiques ; mais qu'au moins, dans les monuments sérieux, on fasse quelque chose de plus digne de l'objet. La composition et la décoration d'un monument valent bien la peine de quelques méditations et de quelques efforts pour produire des choses un peu plus neuves que celles qui forment l'étalage des marchands de carton-pierre.

Laissons là cette digression qui paraîtra peut-être un peu longue, mais qui, nous l'espérons, ne sera pas perdue pour ceux qui visent à produire du neuf et de l'original.

Les détails de décorations que nous avons indiqués jusqu'ici sont particulièrement applicables à l'extérieur des murs. A l'intérieur nous ne voyons rien qui s'oppose à l'emploi de colonnes ou de pilastres engagés ; mais ce genre de décoration ne nous paraît pourtant pas d'un goût bien exquis. En général nous pensons qu'il faut éviter d'employer, comme objet de décor, des pièces qui, par leur nature, ont à remplir des fonctions plus essentielles dans l'édifice. De simples saillies ornées de moulures nous paraissent avoir autant d'effet et n'offrent rien d'irrationnel.

Nous sommes encore bien moins partisan des plâtrages au moyen desquels on les exécute généralement. Ces constructions légères nous paraissent incompatibles avec le caractère monumental. A moins qu'on ne veuille couvrir les murs de peintures à fresque ou à l'encaustique, nous ne voudrions, dans un pays comme le nôtre et pour des constructions somptueuses, que des revêtements en marbre et des parements en pierre d'appareil. On fait si souvent des dépenses de décoration excessives dans certaines parties des édifices où elles sont pourtant à peu près inutiles et perdues pour l'effet, qu'il suffirait presque toujours de s'en abstenir pour se donner la faculté de construire avec luxe des parties plus essentielles, sans cependant augmenter le total de la dépense [1].

Pour les édifices plus modestes, nous ne voudrions voir que des murs nus, mais appareillés avec soin, y fît-on même usage de la brique. Nous pensons qu'il n'y aurait que bien peu de cas où l'on ne pourrait au moins rehausser l'appareil par quelques encadrements en pierre, ou par des combinaisons de briques colorées semblables à celles dont nous avons parlé plus haut. C'est pour les édifices de cette catégorie que nous conseillerions surtout de supprimer les voûtes ou les amas de planches, de latteaux et de plâtre par lesquels on les remplace. L'économie qui résulterait de cette suppression, ajoutée à celle qu'on pourrait faire en retranchant tous les ornements de mauvais goût dont ils sont trop souvent surchargés, permettrait de donner un peu plus de soin au choix et à l'emploi des matériaux constituants. On pourrait par exemple faire fabriquer exprès les briques des parements intérieurs en faisant couper au couteau les faces destinées à être vues et en les faisant ensuite recouvrir d'un vernis semblable à celui qu'on applique sur les poteries grossières. On aurait ainsi quelque chose de sévère, de propre et de solide en même temps.

Les corniches, les cordons, les balustrades, les consoles, les modillons, etc., ne doivent être faits, à notre avis, qu'avec des matériaux solides. A défaut de pierre, de marbre ou de fonte, nous voudrions qu'on les fît, à l'imitation des Anglais, en ciment romain; on pourrait aussi les fabriquer en poterie ou en pierre artificielle. Nous voudrions, en un mot, que l'on renonçât définitivement à l'emploi du plâtre (matière étrangère à notre sol d'ailleurs), que l'humidité détériore trop rapidement pour qu'on puisse l'appliquer à des constructions qui ont quelque prétention de faire connaître aux siècles futurs l'état de notre science actuelle.

La peinture offre de précieuses ressources pour la décoration des murs.

---

[1] Il y avait au manuscrit : *On fait si souvent des dépenses excessives dans certaines parties des édifices où elles sont pourtant à peu près inutiles et perdues pour l'effet, qu'il suffirait d'apporter un peu de discernement sous ce point de vue pour se permettre, sans augmenter le montant total de la dépense, ce qu'on regardera peut-être, au premier coup d'œil, comme un luxe trop coûteux.*

Rien n'est propre à en rehausser la magnificence comme de graves et belles compositions, reproduisant avec art des sujets tendant à exciter la piété ou à rappeler au chrétien des faits terribles ou touchants ; mais ce genre de décoration n'est applicable qu'aux édifices les plus somptueux. Les peintres capables de produire des œuvres dignes de figurer dans un temple mettent à leurs productions un prix tellement élevé, qu'il devient un motif d'exclusion dans la plupart des cas. Quant à ces pages grotesques et diaprées de couleurs disparates qu'on rencontre dans beaucoup trop d'églises, parce que le prix en est plus modeste, nous n'hésitons pas à déclarer que nous leur préférons encore des murs absolument nus.

Le genre de peinture dont nous venons de parler n'est pas d'ailleurs le seul qu'on puisse employer à orner les murs. Il en est un autre dont la dépense est beaucoup moins élevée ; nous voulons parler de la peinture de décor proprement dite qui recouvre les murs de gracieuses arabesques, d'entrelacs capricieux, de rinceaux de feuillages et de mille autres sujets, ou même de teintes plates agréablement mariées. Les gothiques ont souvent employé cette espèce de décoration, et l'on a fait récemment à Paris (à Saint-Germain-l'Auxerrois et à Saint-Denis notamment) des essais qui méritent de fixer l'attention. Des peintures à fresque ou à l'encaustique sont très-propres à ce genre d'ouvrages ; elles sont solides, durables et monumentales en un mot. On devrait renoncer totalement aux badigeons et aux couleurs en détrempe, que l'on est toujours tenté d'employer à cause de leur bon marché, mais qui reviennent pourtant fort cher à cause de l'entretien coûteux qu'ils exigent. Ces badigeons et ces peintures, trop fréquemment renouvelés, ont en outre un inconvénient très-grave : c'est d'émousser petit à petit les formes des moulures délicates et des reliefs ouvragés, et de les effacer même tout à fait avec le temps. Que de merveilleux détails n'a-t-on pas déterrés dans une foule d'édifices du moyen âge sous l'enveloppe de badigeon qui les encroûtait?

Ce que nous avons dit de la décoration des murs s'applique, pour la majeure partie, à celle des voûtes, et nous n'avons rien à y ajouter, sinon que de rappeler le parti que l'on pourrait tirer de l'emploi de nervures en fonte. Nous voudrions les voir, dans les édifices somptueux, revêtues d'une dorure solide, ou bien polies et recouvertes d'un vernis transparent, propre à les préserver de la rouille.

Les soutiens [1] en fonte seraient également couverts de feuilles d'or ou polis et vernis, et nous procéderions de même pour toutes les pièces des combles

---

[1] *Colonnes* dans le manuscrit.

apparents en métal. Nous n'avons pas besoin de dire combien pourraient être variés les ornements dont ces pièces de métal, et celles de fonte surtout, pourraient être décorées ; avec quelle facilité on les couvrirait de moulures, de gaudrons, de stries, d'imbrications de tout genre ou de rinceaux de feuillages ; et quel effet ces pièces ouvragées, couvertes d'une éclatante dorure, produiraient au milieu de l'ensemble de l'édifice construit et décoré d'après les idées précédemment exposées.

Les fenêtres pourraient être aussi l'objet d'une décoration riche et variée; nous la ferions consister principalement dans des meneaux légers amortis par des dessins capricieux dans le genre des gothiques, et dans un vitrage peint ou simplement coloré, mais distribué alors en losanges, en hexagones, ou sous d'autres formes propres à en varier l'aspect et l'effet ; dans tous les cas nous voudrions voir le verre blanc et transparent banni des édifices sacrés. Le verre mat ou dépoli nous semble de beaucoup préférable ; il distribue à l'intérieur une lumière plus douce qui harmonise mieux les tons des objets qui y sont contenus. D'ailleurs on ne doit pas oublier que l'intérieur du temple doit être tout disposé pour favoriser le recueillement et la méditation, et y a-t-il rien de plus propre à les troubler que la vue des objets extérieurs qu'on aperçoit au travers des vitraux transparents?

Nous ne parlerons pas ici des autels, des chaires de vérité, des stalles et des autres objets qui constituent le mobilier des églises. Rappelons seulement qu'ils doivent être façonnés dans le style de l'édifice, et que c'est pécher contre toutes les règles du goût que de ne pas tenir scrupuleusement compte de cette observation jusque dans les moindres détails.

Terminons par une observation importante sur les objets en fonte : quelles que soient leur nature et leur destination, on doit leur donner une forme qui fasse immédiatement reconnaître la nature métallique de la substance, ce qu'on obtiendra généralement par une grande légèreté, et des percées à jour qu'on peut varier de mille manières ; les imitations en fonte d'objets en pierre qui commencent à se montrer dans quelques édifices de date récente, y font le plus détestable effet, dès qu'ils ne sont pas assez éloignés de l'œil pour qu'on ne puisse apercevoir la fraude. Nous en avons cité un exemple et nous pourrions l'accompagner de bien d'autres ; mais nous préférons les taire en nous rappelant cet adage :

La critique est aisée, et l'art est difficile.

NOTES.

NOTE A.

La surface d'un cercle dont le rayon est égal à l'unité $= \pi = 3.141$ à peu près ; son périmètre $= 2\pi = 6.282$.

Soit a le petit côté du rectangle, $2\,a$ sera le grand côté, et la superficie sera exprimée par $2\,a^2$.

Faisant cette expression égale à $\pi = 3.141$, il vient
$$2\,a^2 = 3.141,$$
d'où $a = 1.25$ à peu près.

Le périmètre du rectangle sera, d'après cela, $= 6\,a = 7.500$.

NOTE B.

En calculant l'épaisseur des murs suivant les règles données par Rondelet (*Art de bâtir*, t. IV, pp. 111 et 115), on trouve, par exemple, que pour une enceinte rectangulaire de 2 de longueur sur 1 de largeur, il faut donner aux murs une épaisseur double de celle qui suffirait aux murs d'une enceinte circulaire renfermant une égale superficie. Nous allons, au surplus, en donner ici la démonstration.

D'après ce qu'on a vu dans la note précédente, le périmètre d'un rectangle dans les proportions susmentionnées, étant 7.500, renferme une surface équivalente à celle contenue dans un cercle de rayon égal à l'unité. Le périmètre du rectangle se répartit ainsi qu'il suit :

$$\begin{aligned}
\text{deux petits côtés} \quad & 2 \times 1.25 = 2.50 \\
\text{deux grands côtés} \quad & 2 \times 2.50 = \underline{5.00} \\
& 7.50.
\end{aligned}$$

En désignant par e l'épaisseur du mur, par H sa hauteur, par l la longueur du côté de l'enceinte dont on veut régler l'épaisseur, et par r le rayon moyen de l'enceinte circulaire, les règles de Rondelet peuvent se traduire par les formules suivantes :

$$\text{pour le rectangle, } e = \frac{H}{10} \cdot \frac{l}{\sqrt{l^2 + H^2}};$$

$$\text{pour le cercle, } e = \frac{H}{10} \cdot \frac{\frac{r}{2}}{\sqrt{\frac{r^2}{4} + H^2}}.$$

Faisant dans la première formule $H = 1$, $l = a$ ou $2a$, suivant qu'on veut déterminer l'épaisseur des petits ou des grands côtés de l'enceinte rectangulaire, on trouve :

$$\text{pour les longs côtés, } e = \frac{1}{10} 0.93;$$

$$\text{pour les petits côtés, } e = \frac{1}{10} 0.78.$$

Remarquant qu'on a deux longs côtés dont l'épaisseur est égale à 0.093, et deux petits côtés, égaux en développement à un long côté, d'une épaisseur de 0.078, on trouve pour l'épaisseur moyenne $\frac{0.264}{3} = 0.088$

La seconde formule donne, en faisant $r = 1$ et $H = 1$,

$$e = 0{,}044 \text{ seulement.}$$

NOTE C.

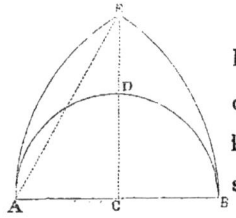

Soit $P = AB$ la portée commune aux deux voûtes, le développement du plein cintre sera égal à $\frac{1}{2} \pi P$;

celui de l'ogive en tiers-point sera égal à $\frac{2}{3} \pi P$;

le rapport du développement de l'ogive à celui du plein cintre sera donc égal à $\frac{4}{3}$.

NOTE D.

Soit encore $P = AB$ la portée commune aux deux voûtes.

La hauteur CD de la voûte en plein cintre sera égale à $\frac{P}{2}$, et celle de l'ogive en tiers-point, CE, à $\sqrt{P^2 - \frac{P^2}{4}} = \frac{P}{2}\sqrt{3}$;

le rapport de CD à CE sera donc égal à

$$\frac{1}{\sqrt{3}} = \frac{100}{173}.$$

NOTES. 87

On a de plus
$$DE = CE - CD = \frac{P}{2}\sqrt{3} - \frac{P}{2} = \frac{P}{2}\left(\sqrt{3}-1\right) = \frac{73}{200}P.$$

Enfin on a pour exprimer le développement de l'arc plein cintre, augmenté de son surhaussement ou de deux fois DE,
$$\frac{1}{2}\pi P + \frac{146}{200}P = \left\{\frac{314}{200} + \frac{146}{200}\right\}P = \frac{460}{200}P,$$
celui de l'arc ogif reste
$$\frac{2}{3}\pi P = \frac{628}{300}P,$$
et le rapport du premier au second est, d'après cela, égal à
$$\frac{628}{300} \times \frac{200}{460} = \frac{1256}{1380}.$$

NOTE E.

Ces quantités se décomposent ainsi qu'il suit :
1° Style plein cintre :
murs et points d'appui. . . . . $0^m 201\,H$,
surhaussement des pieds-droits $0.201 \times \frac{73}{200}P = 0.073\,P$,
voûtes $3.141 \times 0.50 \times E = $ . . . . $1.570\,E$;
2° Style ogival :
murs et points d'appui. . . . . $0.151\,H$,
voûtes $\frac{2}{3} \times 3.141 \times 1 \times E = $ . . . . . . $2.094\,E$.

NOTE F [1].

1. Couverture en *ardoises* sous l'angle de 60 degrés.

Frais de premier établissement $\left\{\begin{array}{l}0.136^{m3} \text{ de bois à fr. } 100 = \\ 2.000^{m2} \text{ de couverture à fr. } 5.40 =\end{array}\right.$

13,60
10,80
_____
24,40

Placés à intérêts composés pendant 100 ans, ils donnent $24.40 \times 131.50 = $ 3208,60
2^{m2} de couverture à entretenir pendant 100 ans, à raison de fr. 0.04 par an, et par mètre carré, en cumulant les intérêts, $0.08 \times 2740.50 = $ 219,24
Renouvellement de la toiture dans 75 ans, avec les intérêts composés pendant 25 ans, $10.80 \times 3.386 = $ 36,57

TOTAL. . . Fr.   3464,41

---

[1] Il s'était glissé dans les calculs de cette note quelques erreurs dont les résultats ont déjà été consignés à la page 68. Je pense qu'il n'y a aucun intérêt à les indiquer de nouveau ici.

88   NOTES.

2. Même couverture sous l'angle de 45 degrés.

Frais de premier établissement $\begin{cases} 0.116^{m3} \text{ de bois à fr. } 100 = \\ 1.42^{m2} \text{ de couverture à fr. } 5.40 = \end{cases}$ 11,60
                                                                                                                                  7,67
                                                                                                                                  ─────
                                                                                                                                 19,27

Placés à intérêts composés pendant 100 ans, $19.27 \times 131.50 =$ 2534,01
1.42^{m2} de couverture à entretenir pendant 100 ans, à raison de fr. 0.04 par an
et par mètre carré, $0.057 \times 2740.50 =$ 156,21
Renouvellement de la toiture dans 75 ans, avec les intérêts composés pendant
25 ans, $7.67 \times 3.686 =$ 28,27
                                                                                                                     ─────────────────
                                                                                         TOTAL. . . Fr.   2718,49

3. Même couverture sous l'angle de 35 degrés.

Frais de premier établissement $\begin{cases} 0.116^{m3} \text{ de bois à fr. } 100 = \\ 1.19^{m2} \text{ de couverture à fr. } 5.40 = \end{cases}$ 11,60
                                                                                                                                  6,43
                                                                                                                                  ─────
                                                                                                                                 18,03

A intérêts composés pendant 100 ans, $18.03 \times 131.50 =$ 2370,95
1.19^{m2} de couverture à entretenir pendant 100 ans, à raison de fr. 0.04 par an
et par mètre, $0.048 \times 2740.50 =$ 131,54
Renouvellement et intérêts composés pendant 50 ans, $6.43 \times 11.47 =$ 73,87
                                                                                                                     ─────────────────
                                                                                         TOTAL. . . Fr.   2576,36

4. Couverture en *tuiles* sous l'angle de 60 degrés.

Frais de premier établissement $\begin{cases} 0.136^{m3} \text{ de bois à fr. } 100 = \\ 2.00^{m2} \text{ de couverture à fr. } 2.00 = \end{cases}$ 13,60
                                                                                                                                  4,00
                                                                                                                                  ─────
                                                                                                                                 17,60

A intérêts composés pendant 100 ans, $17.60 \times 131.50 =$ 2314,40
2^{m2} d'entretien annuel avec les intérêts pendant 100 ans, à raison de fr. 0.02
par an et par mètre, $0.04 \times 2740.50 =$ 109,62
Renouvellement de la toiture dans 50 ans, avec les intérêts composés pendant
50 ans, $4 \times 11.47 =$ 45,88
                                                                                                                     ─────────────────
                                                                                         TOTAL. . . Fr.   2469,90

5. Même couverture sous l'angle de 45 degrés.

Frais de premier établissement $\begin{cases} 0.116^{m3} \text{ de bois à fr. } 100 = \\ 1.42^{m2} \text{ de couverture à fr. } 2.00 = \end{cases}$ 11,60
                                                                                                                                  2,84
                                                                                                                                  ─────
                                                                                                                                 14,44

A intérêts composés pendant 100 ans, $14.44 \times 131.50 =$ 1898,86
Entretien pendant 100 ans, $0.02 \times 1.42 \times 2740.50 =$ 77,83
Renouvellement dans 50 ans, $2.84 \times 11.47 =$ 32,57
                                                                                                                     ─────────────────
                                                                                         TOTAL. . . Fr.   2009,26

NOTES. 89

6. Couverture en *tôle ordinaire peinte*, sous l'angle de 21 degrés.
Épaisseur de la tôle, 0^m0013. Durée supposée, 100 ans.

Frais de premier établissement	$\Big\{$ 0.075^{m3} de bois à fr. 100 =	7,50
	1.06^{m2} de couverture à fr. 6.90, peinture en 3 couches comprise =	7,31
		14,81
A intérêts composés pendant 100 ans, 14.81 × 131.50 =		1947,51
Renouvellement de 2 couches de peinture tous les 3 ans, avec les intérêts des intérêts, 0.80 × 962.06 =		769,65
	Total. . . Fr.	2717,16

7. Couverture en *tôle cannelée peinte*, sous l'angle de 21 degrés.

Frais de premier établissement	$\Big\{$ 0.050^{m3} de bois à fr. 100 =	5,00
	1.06^{m2} de couverture à fr. 9.70, tout compris =	10,28
		15,28
A intérêts composés pendant 100 ans, 15.28 × 131.50 =		2009,32
Renouvellement de 2 couches de peinture tous les 3 ans, avec les intérêts des intérêts, 0.80 × 962.06 =		769,65
	Total. . . Fr.	2778,97

8. Couverture en *tôle cannelée peinte, courbée en arc de cercle*, ayant une flèche = le $\frac{1}{10}$ de la portée.

Frais de premier établissement	$\Big\{$ 1.05^{m3} de couverture, y compris peinture et rivets =	11,55
A intérêts composés pendant 100 ans, 11.55 × 131.50 =		1518,82
Entretien de la peinture, comme ci-dessus =		769,65
	Total. . . Fr.	2288,47

9. Couverture en *tuiles de fonte* sous l'angle de 21 degrés.

Frais de premier établissement	$\Big\{$ 0.116^{m3} de bois à fr. 100 =	11,60
	38 kilog. de fonte à fr. 0.33, y compris pose, ajustage, etc., pour 1.06^{m2} de couverture =	12,54
		24,14
A intérêts composés pendant 100 ans, 24.14 × 131.50 =		3174,41

10. Couverture en *zinc laminé en grandes feuilles et à simple enroulement*, sous l'angle de 21 degrés.

Frais de premier établissement	$\Big\{$ 0.075^{m3} de charpente à fr. 100 =	7,50
	1.06^{m2} de toiture à fr. 7.80, volige comprise =	8,26
		15,76

90 NOTES.

A intérêts composés pendant 100 ans, 15.76 × 131.50 =	2072,44
Renouvellement au bout de 75 ans, avec les intérêts composés pendant 25 ans, 8.21 × 3.686 =	30,26
Total. . . Fr.	2102,70

11. Même couverture sous l'angle de 25 degrés.

Frais de premier établissement
- 0.085 m³ de charpente à fr. 100 = ... 8,50
- 1.111 m² de couverture, volige comprise, à fr. 7.80 = ... 8,66

17,16

A intérêts composés pendant 100 ans, 17.16 × 131.50 = ... 2256,54
Renouvellement après 75 ans; intérêts pendant 25 ans, 8.66 × 3.686 = ... 31,92

Total. . . Fr. 2288,46

12. Même couverture sous l'angle de 35 degrés.

Frais de premier établissement
- 0.090 m³ de charpente à fr. 100 = ... 9,00
- 1.19 m² de couverture et de volige à fr. 7.80 = ... 9,28

18,28

A intérêts composés pendant 100 ans, 18.28 × 131.50 = ... 2403,82
Renouvellement au bout de 75 ans; intérêts pendant 25 ans, 8.42 × 3.686 = ... 31,04

Total. . . Fr. 2434,86

13. Même couverture sous l'angle de 45 degrés.

Frais de premier établissement
- 0.100 m³ de charpente à fr. 100 = ... 10,00
- 1.42 m² de couverture et de volige à fr. 7.80 = ... 11,08

21,08

A intérêts composés pendant 100 ans, 21.08 × 131.50 = ... 2772,02
Renouvellement après 75 ans; intérêts pendant 25 ans, 11.08 × 3.686 = ... 40,84

Total. . . Fr. 2812,86

14. Même couverture sous l'angle de 60 degrés.

Frais de premier établissement
- 0.120 m³ de bois de charpente à fr. 100 = ... 12,00
- 2.00 m² de couverture et de volige à fr. 7.80 = ... 15,60

27,60

A intérêts composés pendant 100 ans, 27.60 × 131.50 = ... 3629,40
Renouvellement après 75 ans; intérêts pendant 25 ans, 15.60 × 3.386 = ... 60,62

Total. . . Fr. 3690,02

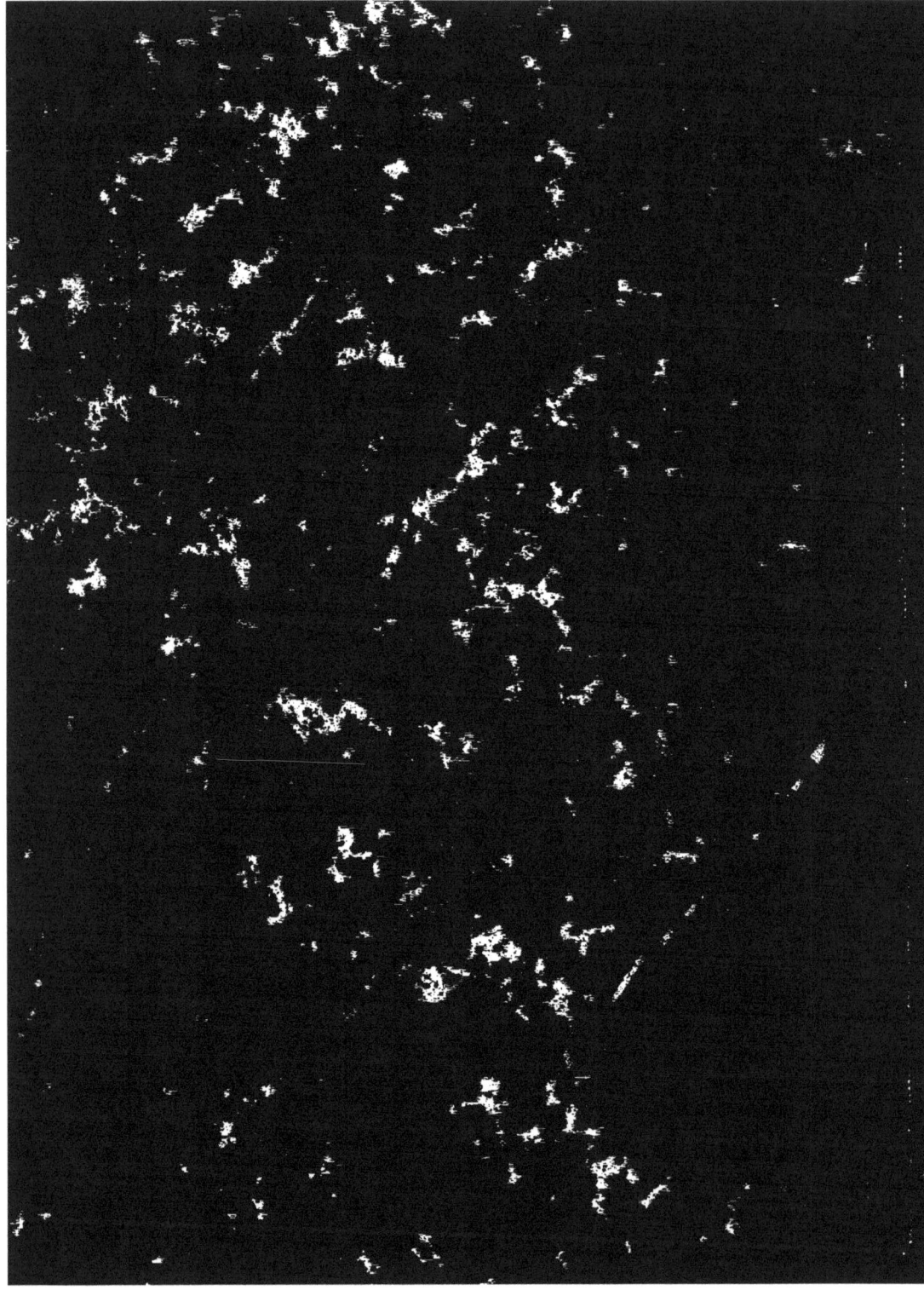

www.ingramcontent.com/pod-product-compliance
Lightning Source LLC
Chambersburg PA
CBHW060204100426
42744CB00007B/1164